Heinz Dürr

Über das Alter

Ein Gespräch mit Cato
über Jugendwahn, Weisheit
und Vergänglichkeit

QUADRIGA

Die Aussagen von Cato dem Älteren in diesem Buch
sind vereinzelt wörtlich entnommen aus Ciceros Schrift
Cato maior de senectute – Cato der Ältere über das Alter,
übersetzt und herausgegeben von Harald Merklin,
Stuttgart: Reclam 1998, und aus *Res publica. Texte zur
Krise der frührömischen Tradition*, ausgewählt, übersetzt
und erläutert von Rudolf Till, Zürich/München: Artemis
1976.

MIX
Papier aus verantwor-
tungsvollen Quellen
FSC
www.fsc.org   FSC® C006701

Dieser Titel ist auch als E-Book erschienen

Quadriga Verlag, Berlin, in der Bastei Lübbe GmbH & Co. KG

Originalausgabe

Copyright © 2011 by Bastei Lübbe GmbH & Co. KG, Köln
Umschlaggestaltung: Buchgut, Berlin
Umschlagfotos Heinz Dürr: Marco Urban, Berlin
Satz: JahnDesign Thomas Jahn, Erpel/Rhein
Gesetzt aus der Sabon
Druck und Einband: CPI – Ebner & Spiegel, Ulm
Printed in Germany
ISBN 978-3-86995-011-2

5   4   3   2   1

Sie finden uns im Internet unter: www.quadrigaverlag.de

Für meine Frau Heide,
die mit mir alt geworden ist
und mich immer daran gehindert hat,
alt zu sein

INHALT

PROLOG

Das folgende Gespräch fand zweitausendeinhundert-
undsechzig Jahre nach dem Tod Catos des Älteren
in der Schweiz statt, im Engadin in der Nähe von
Sils-Maria. Ich hatte Cato eingeladen. Ich wollte mit
ihm über das Alter sprechen. Ich war nicht ganz so
alt wie er mit seinen vierundachtzig Jahren, gehörte
aber mit achtundsiebzig immerhin schon zur gleichen
Alterskohorte.

Ich hatte Fragen. Sie nagten an mir. Ich dachte
lange darüber nach, mit wem ich sie besprechen könnte. Mehr durch Zufall kam ich auf Marcus Porcius
Cato, den sie in den Geschichtsbüchern Cato den
Älteren nennen. Cato ist der Beiname und bedeutet
»der Gescheite«. Vielleicht deswegen. Cato ist einer
von den Römern, an die wir uns heute noch erinnern,
manche von uns zumindest. Er wurde alt für die
damalige Zeit, er war ein hoher Würdenträger in
der Römischen Republik, er war Zensor, gefeierter
Heerführer, ein berühmter Redner und Konservati-
ver. Cicero hat gesagt, Cato habe stets viel belehrt
und gern praktische Ratschläge erteilt, wobei er
selbst sein eigenes Vorbild gewesen sei. Er war berühmt für seinen erhobenen Zeigefinger und dafür,

dass er alle seine Reden vor dem Senat mit dem Satz beendet haben soll: *Ceterum censeo Carthaginem esse delendam*, auf Deutsch: *Im Übrigen bin ich der Meinung, dass Karthago zerstört werden muss.* Ob er es wirklich gesagt hat und ob er es wirklich immer wieder gesagt hat – nun, das weiß man heute nicht mehr. Aber das *Ceterum censeo* ist sprichwörtlich geworden.

Ich nahm Catos Schriften zur Hand, blätterte darin und stieß auf den Satz:

»Ich spürte den Wandel der Zeit, eine neue Generation war herangewachsen, die uns Ältere einfach nicht mehr verstehen wollte.«

Das ist mein Mann, dachte ich. So lud ich Cato in mein Haus in Sils-Maria ein.

Und er kam. Das Gespräch hat fast den ganzen Tag gedauert. Cato sagte dabei über weite Strecken, was in Ciceros berühmter Schrift *De senectute – Über das Alter* nachzulesen ist und was er selbst in Reden und Schriften verbreiten ließ. Bisweilen fügte er aber auch neue Gedanken hinzu, meist als Antwort auf meine Einlassungen.

Eine Abstimmung der Passagen, die nicht in Ciceros Schrift oder in anderen veröffentlichten Texten nachzulesen sind, konnte ich nicht mit Cato vornehmen. Aber ich habe sein Grab gesucht.

BEGRÜSSUNG

»Herzlich willkommen, hochverehrter Marcus Porcius Cato.«

Ich war vor das Haus getreten, um meinen Gast
zu begrüßen. Wir gaben uns die Hand. Er sah mich
an und sagte nichts.

»Ich weiß sehr wohl zu schätzen, dass Sie die lange
Reise auf sich genommen haben.«

Cato bat, sich setzen zu dürfen. »In meinem Alter
sollte man nicht zu lange untätig stehen.«

Das waren die ersten Worte. Ich führte Cato in
unsere Wohnstube, holzgetäfelt, Steinboden. Wir setzten uns in zwei bequeme Ohrensessel. Mein Gast
hatte einen weiten Weg zurückgelegt, vom alten Rom
bis in die Schweiz, ins Engadin mit seinen imposan-
ten Bergen, beschaulichen Tälern und erfrischenden
Seen. Es ist eine Umgebung der Beständigkeit, eine
Landschaft der ewigen Werte, ein starker sinnlicher
Kontrast zu den Grenzen der Vergänglichkeit, an die
wir im Alltag ständig stoßen. Genau hier wollte ich mit
Cato zusammentreffen, um ein Gespräch über das
Alter mit ihm zu führen, an keinem anderen Ort, weit
weg von der Zivilisation, die mich in meinem Leben
normalerweise umgibt. Viele Geistesmenschen sind

gerade hierher geflohen. Nietzsche zum Beispiel. Oder Thomas Bernhard. Und die Unselds und die Peymanns und viele andere sind danach auch gekommen.

Die Begegnung mit Cato war mir wichtig. Ich versprach mir viel davon. Ich durfte nichts dem Zufall überlassen. Der Ort hatte für mich gleich festgestanden: unser Haus im Engadin. Ich wusste auch, ohne lange darüber nachzudenken, welche Weine ich Cato reichen wollte. Für die weitere Planung nutzte ich das Internet. Es waren viele Links, über die ich mich weiter und weiter geklickt hatte. Jetzt saß er leibhaftig vor mir. Cato der Ältere. Es war früher Nachmittag. Er schien nicht müde zu sein. Seinem Blick war nicht viel zu entnehmen.

»Ich bewundere Ihre Taten«, begann ich, um das Gespräch in Gang zu bringen. »Ich meine nicht nur die als Feldherr im Punischen Krieg und bei der Niederwerfung Karthagos. Mich fasziniert vor allem die Art und Weise, in der Sie das Amt des Zensors im Senat ausgeübt haben. Sie sind stets konsequent für Ihre politischen und moralischen Grundsätze eingetreten. Ihre Sprache war immer klar und einfach. Anspruchslos nannten das manche. Sie sind gern ins Licht der Öffentlichkeit getreten. Heute würde man sagen, Sie haben ein höchst erfolgreiches Kommunikationsmanagement betrieben.«

Cato runzelte die Stirn und sah skeptisch zu mir herüber.

»Und Sie waren ein unbequemer Staatsmann. Viele Prozesse haben Sie geführt, vierundvierzigmal als Angeklagter – verurteilt wurden Sie nie. Im Alter fiel es Ihnen immer schwerer, die richtigen Worte vor Ihren deutlich jüngeren Richtern zu finden: ›Es ist mühselig‹, schrieben Sie, ›sich vor solchen Menschen zu verteidigen, wenn man unter anderen gelebt hat.‹«

Er nickte kaum merklich.

»Und schließlich gehören Sie zu den Menschen, die für die Nachgeborenen die Zeit verkörpern, in der Sie gelebt haben. Das imponiert mir.«

Ich hatte den Eindruck, dass es ihm gefiel, Komplimente zu bekommen. Aber er kommentierte sie nicht. Der Historiker Livius notierte einmal amüsiert: »Cato stellte sein Licht nicht unter den Scheffel«, und meinte damit das penetrante Eigenlob, in dem sich der Zensorier gefiel.

»Sie haben einmal ein Gespräch mit zwei jüngeren Römern geführt, mit Scipio Africanus dem Jüngeren und dessen Freund Gaius Laelius. Es ging um das Alter. In einer fulminanten Rede haben Sie den beiden Ihre Sicht auf diese menschlichste aller menschlichen Entwicklungen dargelegt.«

Cato blinzelte. Oder war es ein Schmunzeln?

Viel ist über das Alter und über das Altwerden geschrieben worden. Ich habe einiges davon gelesen. Unvermittelt, wie ein Blitz aus heiterem Himmel, traf mich eines Tages der Gedanke: Du bist achtundsiebzig Jahre alt. Es war doch erst gestern, da warst du vierzig und hast dir alle Aufgaben dieser Welt zugetraut. Das war nun entschieden nicht mehr der Fall. Ich verstand aber nicht, was da passiert war. Der Prozess des Altwerdens leuchtete mir nicht ein. Natürlich war er als ganz allgemeines Phänomen nachvollziehbar. Aber ich akzeptierte mein eigenes Altwerden nicht. Und das war beunruhigend. Ich wollte Ordnung in das Durcheinander aus Gedanken und Gefühlen bringen, das sich daraus ergab. *Strukturieren* nennt man das im Arbeitsleben. Dazu hatte ich Cato eingeladen. Ich wollte wissen, ob es sich bei den Fragen, die ich mir seit einiger Zeit stellte, vielleicht nicht nur um meine ganz persönlichen Fragen handelte, sondern um allgemeine Fragen. Vielleicht waren es ja Fragen, die man sich schon vor zweitausend Jahren gestellt hatte. Ich nahm mir vor, so viel wie möglich von dem alten, weisen Mann aus der fernen Zeit zu erfahren. Das Gespräch, das er mit den beiden jüngeren Römern geführt hatte, kannte ich. Ich hatte Ciceros Schrift gelesen. Nun trug ich

Cato dem Älteren in meiner Engadiner Wohnstube mein Anliegen vor.

»Ich möchte mit Ihnen über das Alter sprechen. Und über das Altwerden. Vielleicht können Sie mit Ihrer Weisheit dazu beitragen, meine Ängste zu zerstreuen. Ich habe fast fünfzig erfüllte Berufsjahre hinter mir. Es ist eigentlich alles in Ordnung in meinem Leben. Und doch fehlt etwas. Manchmal fühle ich mich nicht wohl in meiner Haut. Es geht vorbei. Aber es kommt wieder. Man sagt, ich sei dann unleidlich. Vielleicht kann mir der Austausch mit einem lebenskundigen Menschen wie Ihnen helfen. Wir nennen das in der Wirtschaft *Assessment*. Wir veranstalten solche Assessments, wenn wir mehr über unsere Mitarbeiter oder auch über andere Personen in Erfahrung bringen wollen. Wären Sie, verehrter Cato, bereit, mein Advisor zu sein und für mich einige Guidelines zu entwerfen, wie ich frohen Muts im Alter ankommen kann?«

»Wovon redest du?«, fiel Cato mir da ins Wort. Er sprach mich mit Du an, wie es in seiner Zeit üblich war, ich blieb beim Sie, irgendwie der Hochachtung geschuldet. »Was sind das für hässliche Wörter? Habt ihr mit eurem Geschäftsgebaren auch eure Sprache den Barbaren ausgeliefert?«

Cato, das wusste ich, legte als Redner stets großen

Wert auf Sachlichkeit. Auch in Fragen der Moral achtete er auf klare, knappe Formulierungen. Hinter der verwirrenden Kunst einer schönen Sprache witterte er stets einen Angriff auf die urrömischen Tugenden der Geradlinigkeit, der Offenheit und der moralischen Integrität. Die englischen Begriffe in meiner Rede, so selbstverständlich sie mir über die Lippen gekommen waren, konnten ihm nicht gefallen.

»Verzeihung, großer Meister«, sagte ich. »Aber so sprechen wir nun mal.«

Die Anspielung konnte er naturgemäß nicht verstehen. Unter einigen Topmanagern meiner Generation war es Brauch, sich gegenseitig mit *Großer Meister* anzusprechen.

Cato ging nicht darauf ein. Vielmehr sagte er:

»Das also war der Grund für deine Einladung? Du willst mit mir über das Alter sprechen und meine Meinung dazu hören? Nun gut. Dann sollst du sie hören, so wie die jungen Römer sie gehört haben.« Mit erhobener Stimme zitierte er sich selbst. »Wenn ich dir helfe und dich von der Sorge befreie, die dich nun ängstigt und tief im Herzen dir Qualen bereitet, winkt mir dann wohl ein Lohn?«

Ich war überrascht. Wie sollte ich das verstehen? Erwartete Cato am Ende etwa ein Beratungshonorar für seinen Besuch bei mir? Ich hatte in meinem

Berufsleben viel mit Beratern zu tun gehabt. Die meisten von ihnen nannten sich Unternehmensberater. Und sie verlangten hohe Honorare. Aber ich schob den Gedanken beiseite. Ich konnte ja später darauf zurückkommen. Ich blieb erst einmal dabei, den alten Cato für seine Verdienste zu loben. So hatte ich es mir vorgenommen.

»Es ist bekannt, dass Ihnen das Alter nicht schwer wird, während es den meisten alten Menschen so verhasst ist, dass man sie sagen hört, sie trügen mit ihm eine Last, schwerer als der Ätna.«

Das hatte Scipio Africanus im Gespräch mit Cato gesagt.

»Da staunte Scipio über etwas, was nicht besonders schwierig zu erklären ist«, meinte Cato. »Wer nämlich in sich selbst nicht die Voraussetzung dafür hat, gut und glücklich zu leben, für den ist jede Altersstufe beschwerlich. Wer aber alles Gute bei sich selbst sucht, dem kann nichts schlimm erscheinen, was die Naturnotwendigkeit ihm bringt. Dazu gehört das Alter; alle wünschen, dass sie es erreichen, doch wenn es erreicht ist, klagen sie es an. Aber nur Dummköpfe lasten ihre Fehler und ihre Schuld dem Alter an.«

Das wird kein einfaches Gespräch, dachte ich. Gleich in der ersten Antwort schwang Cato die Keule

Dummheit. Es war, als wollte er um jeden Preis das gängige Klischee vom arroganten, stolzen Römer bestätigen. Aber ich wollte ja mehr von ihm erfahren. Also versuchte ich, ihn herauszufordern. Ich verwies auf eine berühmte Psychoanalytikerin, die, dreiundneunzig Jahre alt, gesagt hatte, sie finde es schwer, alt zu werden. Es strenge sehr an.

»Ist das dein Problem?«, fragte Cato. »Ist das dein Ätna, dessen Last du zu tragen hast?«

»Nicht wirklich. Lassen Sie mich eine kleine Geschichte erzählen. Vielleicht verstehen Sie dann besser, was mich umtreibt und warum ich Ihres Rates bedarf.«

In der letzten Reihe

»Ich war zur Zweihundertjahrfeier der Humboldt-Universität zu Berlin eingeladen und hatte zugesagt. Am Eingang fragte ich die Hostess nach meinem Sitzplatz. ›Nur in den beiden ersten Reihen gibt es namentlich gekennzeichnete Plätze. Ihren Namen sehe ich nicht auf meiner Liste.‹ Ich war irritiert. Früher hatte ich immer in der ersten Reihe gesessen. ›Im Saal können Sie Platz nehmen, wo Sie wollen‹, sagte sie freundlich.

Der Saal war schon ziemlich voll. Ich fand einen Platz in der letzten Reihe. Die Veranstaltung war nach dem üblichen Muster gestrickt. Erst gab es ein Musikstück, dann eine Begrüßung, schließlich Reden. Die Reden führten aus, was man schon wusste oder doch zumindest hätte wissen sollen. Ehrwürdiges Gedenken, dann Lob und Dank für zahlreiche Menschen, von denen einige schon tot waren, andere noch lebten und manche sogar im Saal saßen. Es war ziemlich langweilig, fand ich in meiner letzten Reihe. Ich hatte viele Reden dieser Art gehört. Aber in der ersten Reihe war das etwas anderes. Da saß man neben jemandem, der wichtig war, wurde manchmal sogar mit dem Namen begrüßt und fotografiert und hatte während der Reden Zeit, sich zu überlegen, was man mit der Person, neben der man saß, beim anschließenden Empfang besprechen könnte. In der letzten Reihe entfiel das naturgemäß.

Da ich den Reden schon rein akustisch nur schwer folgen konnte und mir das wenige, was ich aufgeschnappt hatte, nicht sehr bedeutend erschien, beschäftigte ich mich mit mir und meiner Situation in der letzten Reihe. Am Morgen hatte ich in der *Frankfurter Allgemeinen Zeitung* einen langen Artikel gelesen, der wissenschaftlich darzulegen versuchte, dass das mit dem Alter alles gar nicht so schlimm sei.

»Der Autor bezog sich auch auf Sie, verehrter Cato, indem er Ihr Gespräch mit den beiden jungen Römern zitierte. Sie hätten darin gesagt, einer der Vorwürfe gegen das Alter sei der, dass man aus seinen Ämtern gedrängt werde und, so wie ich bei der Veranstaltung an der Humboldt-Universität, in der letzten Reihe sitzen müsse.«

Cato strich seine weiße Toga glatt, die mit dem seiner Amtswürde entsprechenden Purpurstreifen eingefasst war und unter der er eine rote Tunika trug. Er fasste sich ans Kinn, geradeso, als wolle er die alt gewordene Haut straffen. Dann sagte er:

»Wenn du wissen möchtest, was ich über das Alter

denke, nein, was ich über das Alter weiß, dann muss ich das anhand einer Aufstellung erläutern.«

»Eine Liste«, sagte ich.

Er nickte.

»Eine Checkliste.«

Sein Blick verdüsterte sich, aber nur kurz, wahrscheinlich weil ich schon wieder einen englischen Ausdruck verwendet hatte.

Das sah nach Arbeit aus. Wirtschaftsunternehmen werden mithilfe von Listen geführt. Es gibt Präferenzlisten, Personallisten, Auftragslisten, Vorranglisten, To-do-Listen, Reklamationslisten, Programmlisten, viele Excel-Listen und immer wieder Checklisten. Wir lieben Listen. Abhaken befriedigt. Ich war gespannt auf Catos Checkliste über das Alter.

CATOS CHECKLISTE
ÜBER DAS ALTER

»Also«, hob Cato an, »ich finde vier Gründe, weshalb das Alter beklagenswert erscheint:

· weil es uns von der Ausübung einer Tätigkeit abhält
· weil es unseren Körper schwächt
· weil es uns fast sämtlicher Genüsse beraubt und
· weil es dem Tode nahe ist.«

Das, schoss es mir durch den Kopf, könnte man genau so, wie Cato es gesagt hatte, als Powerpoint-Präsentation an die Wand werfen. Vier *Bullet Points*, zehn Folien mit Erläuterungen, am Ende ein freundliches *Wir danken für Ihre Aufmerksamkeit*. Ich behielt den Gedanken aber für mich. Cato bat um Wasser. Ich war betrübt, dass ich ihm noch nichts angeboten hatte, und entschuldigte mich. Er ging darüber hinweg. Ich wusste, dass die Römer Wasser aus Keramikbechern zu trinken pflegten. Ich hatte einen solchen Becher bereitgestellt. Den füllte ich jetzt mit Rhäzünser Mineralwasser. Genüsslich trank Cato den Becher in einem Zug leer. Dann fuhr er fort.

»Betrachten wir nun, wie wichtig und wie richtig jeder dieser Gründe ist.«

»Der erste Grund leuchtet mir gleich ein«, bemerkte ich. »Ich habe in meinem Leben viele Ämter bekleidet. Ich habe meine beruflichen Aufgaben immer als Ämter verstanden. Die meisten hatte ich inne, als ich so um die sechzig war. Ich war Vorstandsvorsitzender eines Großunternehmens mit fünfhunderttausend Beschäftigten. Das war schon etwas. Ich hatte Sekretärinnen, Assistenten, Bewacher, Fahrer, einen Firmenjet. Alle logistischen Fragen waren immer perfekt geklärt. Es war eine Art Hofstaat, der mich da umgab. Außerdem hatte ich sieben Aufsichtsratsmandate inne, drei davon als Vorsitzender, und mehr als zehn Ehrenämter. Und jetzt? *Ein* Aufsichtsratsvorsitz gerade mal noch und einige wenige Ehrenämter. Um meine Termine muss ich mich selbst kümmern. ›Es gibt nichts Obsoleteres als einen Vorstandsvorsitzenden von gestern‹, hat einer meiner früheren Kollegen einmal gesagt. Und er hat recht. Man fühlt sich abgeschafft, ausgemustert. Es ist nicht angenehm, zu spüren, dass man nicht mehr en vogue ist und als antiquiert gilt. Man hat mir kein Amt weggenommen, mich auch aus keinem gejagt. Ein- oder zweimal habe ich selbst verzichtet.«

»Du hast ein Amt zurückgegeben?«, fragte Cato erstaunt.

»Ja, ein Mal. Mein Dienstherr war ein Minister.

Wir waren uns in einer Personalangelegenheit nicht einig. Der Mann, um den es ging, verdankte seinen Posten allein politischer Protektion, war für die Stelle aber völlig ungeeignet. Ich wollte ihn ersetzen, aber der Minister hielt an ihm fest, zumal auch die politische Opposition den Mann ablehnte. Von der Opposition, so der Minister, lasse er sich seine Personalpolitik nicht vorschreiben. Erschwerend kam hinzu, dass ich selbst nicht der Partei des Ministers angehörte. Also stellte ich ihn vor die Alternative: der andere oder ich. Und ich legte mein Amt nieder.

»Das war konsequent«, fand Cato. »Das gefällt mir. Wie ging es weiter?«

»Ich wurde mit langen Lobreden verabschiedet und bekam einen hohen Orden des Staates, das Große Bundesverdienstkreuz, an die Brust geheftet.«

»Das hat dir doch gefallen.«

»Schon. Aber das Amt war weg. Sonst ging das weniger spektakulär vonstatten. Meistens hat es sich einfach ergeben. *Aus Altersgründen*, wie es dann immer so schön heißt. Dabei hätte ich einige der Ämter ganz gern behalten.

Ein Amt musste ich im Alter von siebzig Jahren aufgeben, das des Stiftungskommissars einer großen Industriestiftung. Es war ein Amt mit großer Machtfülle. Ich konnte praktisch allein entscheiden. Es war wie ein Aufsichtsrat, der nur aus einer Person bestand. Und das war ich. Die Satzung der Stiftung schreibt vor, dass der Stiftungskommissar mit Vollendung des siebzigsten Lebensjahres sein Amt niederzulegen hat. Die Satzung stammt aus dem Jahr 1896. Damals betrug die mittlere Lebenserwartung eines Mannes sechsundvierzig Jahre, heute sind es sechsundsiebzig. Also hätte ich doch ...«

Cato unterbrach mich. Wenn, fand er, der Stifter dies so in die Satzung hatte schreiben lassen, dann müsse er wohl der Meinung gewesen sein, dass das Alter die Ausübung gewisser Tätigkeiten behindere, ganz so, wie es Punkt eins seiner Checkliste besagte.

»Aber«, fragte ich, »was für Tätigkeiten hatte der Stifter im Auge? Doch wohl geistige Tätigkeiten.«

Da sagte Cato: »Du empfindest es heute als beklagenswert, dass du ausscheiden musstest. Warum eigentlich?«

»Ja, warum eigentlich?«

Ich überlegte.

»Ich will es dir sagen: Weil niemand mehr *Herr Stiftungskommissar* zu dir sagte.«

Ich fühlte mich ertappt. Ich war so erzogen worden, dass ich auf Titel eigentlich keinen Wert hätte legen dürfen. Und doch hatte Cato wohl nicht ganz unrecht.

»Es heißt«, fuhr er fort, »das Alter hindere uns an der Ausübung von Tätigkeiten. Von welchen? Etwa von denen, die man verrichtet, wenn man jung und kräftig ist? Dann gibt es also keine Tätigkeiten für das Alter, die man trotz körperlicher Schwäche mit dem Geist ausübt?«

»Die Ämter«, entgegnete ich, »die ich innehatte, verlangten nicht wirklich körperliche Kraft, wie man sie benötigt, um ein Schwert zu schwingen oder tagelang auf einem Pferd zu reiten. Und doch war schon auch eine gewisse physische Stärke Voraussetzung für die Arbeit. Um einen Vierzehnstundentag als Vorstandsvorsitzender durchzustehen, braucht man Kondition, fast wie ein Hochleistungssportler. Ein Meeting ...«

Cato sah mich fragend an.

»... eine Besprechung folgt der anderen. Man muss viel reisen, zum Teil sehr lange Strecken zurücklegen. Es gibt viele Arbeitsessen, oft zu wenig Schlaf. Vor allem die Sitzungen kosten Kraft. Ein Kollege hat es einmal so formuliert: ›Die Sitzung ist der Triumph des Arsches über den Verstand.‹«

»Das stimmt«, fand Cato trocken. »Man benötigt Standfestigkeit, auch körperliche, wenn man etwas durchsetzen will. Es ist also richtig, im Alter Tätigkeiten aufzugeben.«

»Einverstanden. Der Tribut an das Alter. Da ist schon etwas dran. Gibt man zu spät ab, rächt sich der Körper. Ist der Bogen überspannt, die Sehne einmal überdehnt, bleibt immer ein Defekt, durch den der Körper uns erinnert, dass er zu sehr in Anspruch genommen wurde. Ich habe das selbst erfahren, als ich versuchte, ein großes deutsches Unternehmen vor dem Untergang zu retten. Ich war Chef dieses Unternehmens, damals achtundvierzig Jahre alt, voller Tatendrang und Unternehmungslust. Von einem Wirtschaftsmagazin wurde ich sogar zum sogenannten *Unternehmer des Jahres* gewählt. Schon zwei Jahre später rangierte ich wieder auf den letzten Plätzen dieser ominösen Rangliste. Viele Kräfte zerrten an dem *wankenden Riesen*, wie eine Wochenzeitung das altehrwürdige Unternehmen nannte, das ich führte – oder, wie die *Großen Meister* zu sagen pflegten: das zu führen ich die Ehre hatte. Da waren Gläubiger und Banken, Kunden und Lieferanten, Konkurrenten, Mitarbeiter und Gewerkschaften, aber auch die politischen Parteien, die Regierung, ja sogar mit der Kirche habe ich verhandelt. Die einen wollten den *Riesen* erhalten, wenn auch gestutzt, andere wiederum sorgten sich nur um die eigenen Interessen. So mancher wollte die Zerschlagung, um sich dann aus den Resten bedienen zu können. Ich kämpfte um das

Überleben des *Riesen*, aus Überzeugung. Ich hatte Mitstreiter, aber im Mittelpunkt stand immer ich, geplagt von Vorwürfen und Forderungen und gejagt von einer keineswegs immer wohlwollenden Presse. Ich nahm mir das alles sehr zu Herzen. Da kam der Tag, an dem mein Körper mir unmissverständlich zu verstehen gab: *Es reicht*. Seitdem habe ich dieses Surren im Kopf, das unter dem Namen Tinnitus bekannt ist. Zunächst achtete ich darauf nicht. Aber immer, wenn der Gedanke kam: *Du hast einen Tinnitus*, dann hörte ich ihn auch. Jetzt im Alter ist das Surren stärker geworden. Ich lebe damit. Und ich kann damit leben. Aber ich frage mich manchmal, ob mein Körper dieses Signal auch hätte senden müssen, wenn ich ganz bescheiden als Unternehmer in meiner eigenen Firma geblieben wäre und nicht die aufreibende Reise in die weite Welt der großen Wirtschaft angetreten hätte.«

Cato hatte aufmerksam zugehört. Er sagte: »Ansehen verschafft man sich nicht durch graues Haar und Runzeln. Vielmehr erntet man am Ende eines in Ehren geführtes Lebens die Früchte des Ansehens.«

Es klang fast, als wolle er mich beruhigen, als er noch hinzufügte: »Die Krönung des Alters aber ist das Ansehen. Wie groß war es bei Atilius Calatinus, dem das Loblied gilt: ›Die meisten Völker stimmen darin überein, dass dieser der erste Mann seines Volkes war.‹«

Ich kannte diesen Atilius Calatinus nicht. Der führende Mann meines Volkes hatte ich auch nie sein wollen. Und mir stand der Sinn nicht nach Trost durch Schmeichelei. Wenn ich in Gedenkschriften erwähnt werde und wenn die Menschen, die mich noch kennen, höflich und zuvorkommend sind, genügt mir das.

»Weißt du, wer den Begriff *Tinnitus* geprägt hat?«, fragte Cato. »Das war Plinius der Ältere. Diese Beschwernis ist auch bei uns verbreitet gewesen. Ich selbst habe nie darunter gelitten. Aber schwerhörig bin auch ich.«

Ich bemühte mich, lauter zu sprechen. Ich wiederholte, dass ich mit meinem Tinnitus ganz gut lebte. Es sollte ja nur ein Beispiel dafür sein, wie der Körper gegen zu hohe Belastung rebelliert.

Zu wenig zu tun

»Mein Problem ist ein ganz anderes«, nahm ich den Faden von Punkt eins der catonischen Checkliste wieder auf. »Ich habe schlicht und ergreifend zu wenig zu tun. Und das Wissen darum, dass ich keine Aufgabe mehr habe, führt dazu, dass ich nach irgendwelchen Terminen, die sich tagsüber ergeben haben, abends Vergessen in Geselligkeit oder bei einer Flasche Rotwein suche. Früher, in meiner aktiven Zeit, waren die Tage vollständig durchgetaktet.«

Wieder schien Cato, wenn ich das Zucken im Mundwinkel richtig deutete, mit meiner Wortwahl nicht einverstanden zu sein.

»Ich trug immer einen auf DIN-A6-Format verkleinerten Wochenplan bei mir. Ich habe diese Angewohnheit beibehalten. Aber wenn ich heute auf diesen Plan schaue, sehe ich ganze Tage ohne Termin. Freie Tage, danach hatte ich mich früher immer gesehnt. Ein Tag ohne Verpflichtungen, Zeit, zu überlegen, wie man ein nächstes Projekt angeht – das war so etwas wie ein immerwährender Traum. Jetzt gibt es freie Tage, aber keine großen Aufgaben mehr.«

»Langweilst du dich?«, fragte Cato dazwischen. »Das solltest du nicht tun. Wenn man immun ist gegen

Langeweile, gibt es buchstäblich nichts, was man nicht erreichen kann.«

Ich horchte auf. Der Satz kam mir bekannt vor. Ich meinte, ihn erst kürzlich irgendwo gelesen zu haben. Aber nicht bei Cato, da war ich mir sicher. Da fiel es mir wieder ein. Der Satz fand sich fast genau so bei dem amerikanischen Autor David Foster Wallace. Der hatte sich im Alter von sechsundvierzig Jahren das Leben genommen. Ob das der richtige Ratgeber für mich war? Ich war irritiert, hakte aber nicht nach.

»Bei mir ist es eben so, dass mich kleinere Aufgaben einfach weniger reizen. Wenn es zu einfach ist, wird es Routine. Wenn ich mich, um ein Beispiel zu nennen, auf eine Mitgliederversammlung des Heimatvereins vorbereite, dessen Vorsitzender ich bin, genügen ein paar Stichworte, der eine oder andere Scherz, und anschließend sagen alle, ich hätte die Versammlung ganz prima geleitet. Über das Lob ärgere ich mich hinterher im Taxi. Ich ärgere mich darüber, dass ich mich über das Lob freue, ja dass es mir richtig guttut. Eitelkeit ist die Kombination aus Eigenlob und Eigennutz. Sie ist bei mir, ich muss es eingestehen, nicht unterentwickelt.«

Früher mussten sich die Leute meine Reden anhören. Schließlich sprach da der Chef. Auch da setzte ich immer darauf, meine Zuhörer zum Lachen zu bringen. Deswegen war ich einigermaßen beliebt. Und diejenigen, die mich ablehnten, nahm ich einfach nicht zur Kenntnis. Heute halte ich ab und zu Reden bei Firmenfeierlichkeiten, bei kulturellen Veranstaltungen oder auch bei politischen Events. Meine Zuhörer sind dann ganz auf den bekannten Unternehmer eingestellt. Sie kennen mich, zumindest dem Namen nach, und das genügt ihnen eigentlich auch schon. Manchmal bin ich dabei nicht sehr konzentriert. Ich rede drauflos, sei es mithilfe von Zetteln, auf denen ich mir zuvor Notizen gemacht habe, oder auch frei. Ich mache immer einige Scherze und verwende, wo immer es geht, Bilder. Bilder können sich die Menschen merken. Wenn ich zum Beispiel über Wirtschaft spreche, führe ich zur Illustration gern die doppelte Buchführung an. Ich ende dann damit, dass hier der Grundsatz gilt: *Erkenne dich selbst, belaste den anderen.* Das ist ein sicherer Lacher. Ich frage mich, warum. Lachen die Leute, weil der Satz so logisch ist? Es ist eine alte Buchhalterregel. Aber die wenigsten meiner Zuhörer werden Buchhalter sein. Lachen sie, weil sie ihr eigenes Handeln in dem Satz wiedererkennen? Für mich ist es eine Art Naturgesetz. In der Natur geschieht nichts, was nicht an anderer Stelle Auswirkungen hat. Es ist fast schon eine Marotte, dass ich in meinen Vorträgen an geeigneter Stelle den Satz *Erkenne dich selbst, belaste den anderen* unterbringe. Für mich ist es ein Schlüsselsatz zum Verständnis menschlichen Miteinanders. Übrigens lachen Alte weniger als Junge. Laut einer englischen Statistik lachen Teenager im Durchschnitt sechsmal am Tag, Menschen über sechzig nur noch zwei bis dreimal.«

Seit ich das gelesen habe, versuche ich, mich selbst zu beobachten, und ich frage mich, wie oft ich eigentlich lache.

Cato hörte sich meine lang geratene Rede geduldig an.

»Im Alter«, meinte er gütig, »neigt man zur Geschwätzigkeit.«

Das Wort *Redegier* kam mir in den Sinn. Ich hatte es irgendwo gelesen, konnte mich aber nicht erinnern, wo. Es hatte mir gut gefallen. *Redegier ...*

»Niemals schweigt er, den die Sucht, zu reden, beherrscht wie einen Schlafkranken die Sucht, zu trinken und zu schlafen.«

Das, sagte Cato, habe er einmal zu dem Volkstribun Marcus Caelius gesagt.

Ich wusste, dass Cato in seinem Geschichtswerk die Namen der Feldherren wegließ, dafür aber zum Beispiel überlieferte, dass der Elefant, der im punischen

Heer am tapfersten gekämpft hatte, Surus hieß und einen abgebrochenen Stoßzahn hatte.

Cato erzählte jetzt von Nestor, dem griechischen Helden aus der epischen Welt Homers, der sich stets seiner Vorzüge rühmte, schließlich erlebe er ja bereits das dritte Menschenalter und habe nicht zu befürchten, allzu aufdringlich und redselig zu wirken. Seine Rede sei von seiner Zunge süßer noch als Honig geflossen, zitierte Cato Homer. Und einer der griechischen Führer habe sich nicht zehn Männer vom Schlage eines Ajax, sondern zehn wie Nestor gewünscht, dann sei der Fall Trojas keine Frage mehr.

»Dieser Nestor hat ja ganz schön angegeben«, warf ich ein.

»Ja, seine Altersgeschwätzigkeit und seine Prahlsucht gingen den anderen Königen der Griechen erheblich auf die Nerven.«

Dann gab Cato mir noch den praktischen Hinweis, man müsse sich im Alter ganz besonders davor hüten, dieselben Geschichten immer wieder und dann womöglich noch denselben Menschen zu erzählen.

Das erinnerte mich an die Begegnung mit einem großen Mann der Bankenwelt. Er war fünfundachtzig Jahre alt. Der alte Herr hatte in einer halbstündigen Unterredung drei Mal zur Sprache gebracht, wie er einmal dem Finanzminister erklärt hatte, wie der zu verfahren habe. Der Finanzminister sei ein guter Mann, mit dem könne man reden. Und das drei Mal. Mir, damals fünfundfünfzig, war das peinlich. Und ich erkannte die Gefahr. Der Satz *Ich werde alt* ist da keine Entschuldigung. Auch nicht vor einem selbst.

GEDÄCHTNIS

Cato fand mein Beispiel treffend.

»Es ist«, sprach er, »das Gedächtnis – das schwindet. Vermutlich wenn man es nicht übt, oder auch, wenn man von Natur aus schwerfälliger wird. Was mich betrifft, so kenne ich nicht nur die Zeitgenossen, sondern auch ihre Väter und Großväter, und wenn ich Grabinschriften lese, so fürchte ich nicht, dass mich, wie man sagt, mein Gedächtnis im Stich lässt. Eben dadurch, dass ich sie lese, kehrt die Erinnerung an die Verstorbenen zurück.«

Grabinschriften lese ich selten, allenfalls die Todesanzeigen in der Zeitung, die schon. Wenn ich die Namen der Verstorbenen nicht einordnen kann, ärgere ich mich, weil ich mich früher auf mein Gedächtnis verlassen konnte. Ich war eine Zeit lang in den USA tätig. Da habe ich mein Namengedächtnis trainiert. Im Ausland ist es einfacher. Da kann man nachfragen: ›How do you spell your name?‹ Und dann kann man sich den Namen so einprägen.

»Ihre Methode, das Gedächtnis zu trainieren, ist interessant, verehrter Cato. Aber ich glaube nicht, dass sie das Problem wirklich lösen kann.«

Ich hatte eine wissenschaftliche Deutung meiner

Gedächtnisschwäche im Kopf. Ich hatte das bei Max Frisch gelesen, in seinem Buch *Der Mensch erscheint im Holozän*. Da findet sich die Definition aus einem Wörterbuch. »Gedächtnisschwäche«, heißt es da, »ist die Abnahme der Fähigkeit, sich an frühere Erlebnisse zu erinnern (Erinnerungsschwäche). In der Psychopathologie unterscheidet man von der Gedächtnisschwäche die Merkschwäche, also die Abnahme der Fähigkeit, neue Eindrücke dem Altbesitz des Gedächtnisses einzuverleiben. Gedächtnis- und Merkschwäche sind nur dem Grade nach verschieden. Bei den Alterskrankheiten des Gehirns (Altersblödsinn, Gehirn-Arterienverkalkung) und anderen Gehirnkrankheiten nimmt zuerst die Merkfähigkeit, später auch das Gedächtnis ab.«

In dieser in ein literarisches Werk eingestreuten Wörterbuchdefinition erkannte ich wieder, was mit fortschreitendem Alter in meinem Kopf vorzugehen schien. Um das noch deutlicher zu machen, erzählte ich Cato von meinem Hausarzt.

»Als ich mich am Tag nach einem Treffen mit drei Personen nur noch an zwei der Gesprächspartner erinnern konnte, fragte ich meinen Arzt, ob das der Beginn der Alzheimer-Krankheit sei. Er erwiderte trocken: ›Im Alter lässt das Gedächtnis nach.‹ Er fügte noch hinzu, ich solle mir das Gehirn wie einen

Computer vorstellen. Da gingen manche Teile nach einer gewissen Zeit einfach kaputt. Dann arbeite der Computer nicht mehr so zuverlässig. Es könne auch zu Wackelkontakten kommen. Bei einem Gehirn ließen sich Ausfälle aber nicht durch den Einbau von Ersatzteilen beheben, und man könne auch nicht den ganzen Apparat auswechseln. Am sinnvollsten sei es im Zweifelsfall, das Gehirn wie einen Computer auszuschalten und nach ein paar Minuten auf *Restart* zu drücken.«

Cato schien zu ahnen, was ein Computer ist. Und er schien zu verstehen, was ich sagen wollte. Denn er sagte: »Neubeginn, das meinst du ja wohl, scheint mir eine gute Methode zu sein, um etwas wieder in Bewegung zu bringen.«

Das nachlassende Gedächtnis gehörte eigentlich schon zum zweiten Punkt seiner Checkliste, der die Gesundheit im Alter betraf. Doch Cato blieb noch beim ersten Punkt und bei der Frage, was man im Alter noch tun könne.

»Wer also sagt, im Alter solle man sich aktiv betätigen, bleibt die Beweise dafür schuldig, denn große Dinge vollbringt man nicht durch körperliche Kraft, Behändigkeit und Schnelligkeit, sondern durch Planung, Geltung und Entscheidung.«

»Schön gesagt«, erwiderte ich. »Aber was hilft das

einem Arbeiter, der mit fünfundsechzig Jahren in Rente gehen muss und nicht mehr arbeiten kann?«

»Er soll tätig werden in der Gemeinde, in der er lebt, da gibt es genügend zu tun, was der Bürgermeister nicht bezahlen kann. Da kann er planen und entscheiden. Geltung wächst ihm als Tätigem alsbald zu bei Arbeiten für das Gemeinwesen. Und wenn man immer in diesen Beschäftigungen und Arbeiten lebt, dann merkt man gar nicht, wann das Alter unvermerkt herankommt. Denn mit dem menschlichen Leben verhält es sich beinahe so wie mit dem Eisen: Wenn man es arbeiten lässt, nutzt es sich ab; wenn man es nicht arbeiten lässt, dann bringt es doch der Rost um. Ebenso sehen wir die Menschen sich aufreiben in ständiger Arbeit; wenn man gar nichts tut, dann nutzt Nichtstun und Stumpfheit ab – mehr als Arbeit.«

Das Bild gefiel mir, schließlich bin ich Ingenieur. Ja, so konnte man das sehen. Damit schien mir Punkt eins von Catos Checkliste einigermaßen geklärt. Aber er wollte seinerseits noch etwas von mir wissen:

»Hast du den Eindruck, ich, der ich als Soldat, Tribun, Legat und Konsul in mannigfachen Kriegen tätig war, ließe nur nach, wenn ich heute keine Kriege mehr führe?«

KRIEGE

Ich fragte mich, ob sich Cato vor seiner Reise wohl über mich informiert hatte, so wie ich mich über ihn. Sein Sekretär, ein vormaliger Sklave, war für seine gute Arbeit berühmt, bis in unsere Tage. Falls er Erkundigungen eingezogen hatte, ließ er sich nichts anmerken. Er gab sich neugierig. Das tat unserem Gespräch gut. Er war in seinen Worten viel weniger absenderorientiert, als ich es erwartet hatte. Ja, er war überraschend empfängerorientiert.

»Ich habe nie Kriege geführt«, warf ich statt einer Antwort auf seine Frage ein. »Ich war nie an einem Krieg beteiligt. Als ich ein Kind war, gab es Krieg in unserem Land. Danach nicht mehr. Seit fünfundsechzig Jahren hat es hier keinen Krieg gegeben.«

»Ich war immer mit Kriegen beschäftigt. Und selbst als ich ein alter Mann war, ein Greis, also selbst keine Kriege mehr führen konnte, schrieb ich dem Senat vor, welche Kriege zu führen seien.«

Cato erzählte von seinen oft wiederholten Reden über Karthago, gegen das er so lange auftrat, bis es zerstört wurde, und von seinem großen Vorbild, dem greisen Quintus Fabius Maximus, dessen Ermattungsstrategie Hannibal den Kampf um Italien verlieren ließ.

»Den liebte ich als junger Mann wie einen Altersgenossen; bei diesem Mann fand ich nämlich ernste Würde, die durch Leutseligkeit gemildert war, und auch das Alter hatte seinen Charakter nicht verändert. Er führte Kriege wie ein Jüngling, als er schon recht betagt war. Herrlich schrieb mein Freund Ennius über ihn:

›Einer hat uns durch Zögern das Schicksal zum Guten gewendet.

Achtete er doch leeres Gerede geringer als Rettung.

Darum kann jetzt und später sein Ruhm umso heller erstrahlen.‹«

Ein Gedicht hat nie jemand über mich geschrieben. Aber immerhin bin ich in einem historischen Werk erwähnt als jemand, ohne den es eine große Reform in unserem Staat nicht gegeben hätte.

»Der Weg der Erziehung über Vorschriften ist langweilig, der über Vorbilder kurz und erfolgreich«, dozierte Cato und fügte hinzu: »Bei den Griechen gab es Vorschriften, bei uns Römern Vorbilder.«

»Du meinst, bei euch gab es Eliten, und die haben für die Gesellschaft eine große Rolle gespielt. Bei uns ist das mit den Eliten eine komplizierte Sache. Es gibt sie naturgemäß. Aber immer wieder werden über Menschen, die wir zur Elite zählen und entsprechend bewundern wollen, Dinge bekannt, die sich damit schlecht vereinbaren lassen. Da verschiebt einer sein Vermögen in einen Zwergstaat, um dafür keine Steuern bezahlen zu müssen; ein anderer treibt es mit einer Minderjährigen; und wieder ein anderer knöpft seinen Kunden Milliarden ab, um sie in einem System zu versenken, das aus lauter Schneebällen besteht. Gab es das bei euch nicht, diese Angehörigen von Eliten, die enttäuschen?«

»Nur wenige«, antwortete Cato. »Bei uns hatten die Eliten eine Position jenseits aller Klassen, Interessen, Leidenschaften und Torheiten. Sie zeichneten sich aus durch ein exemplarisches Leben der entsagungsvollen Leistung für das Ganze, der unantastbaren Integrität und der ständigen Bändigung unseres gemeinen Appetits, durch bewährte Reife des Urteils, durch ein fleckenloses Privatleben, durch unerschütterlichen Mut im Eintreten für das Wahre und Rechte.«

Das waren in der Tat hohe Anforderungen an die Eliten. Aber genau besehen, entsprach das durchaus meinen Vorstellungen. Ich fragte mich, ob ich dem in meinem eigenen Leben wohl gerecht geworden sei. Da sagte Cato:

»Das waren übrigens nicht meine Worte, auch nicht die eines römischen oder griechischen Philosophen. Das hat einer von euch so gesagt, ein Ökonom namens Wilhelm Röpke. Er lebte in der ersten Hälfte des zwanzigsten Jahrhunderts. Und der hat das für euch und für eure Zeit gefordert.«

Ich staunte nicht schlecht. Cato lachte und kehrte zu seinem Freund Maximus zurück.

»Mit welcher Wachsamkeit, welcher Entschlusskraft eroberte er aber gar Tarent zurück! Als Marcus Livius Salinator, Feldherr im Krieg gegen Hannibal, der nach dem Verlust der Stadt in ihrer Zitadelle zurückgeblieben war, sich rühmte und erklärte: ›Mit meiner Hilfe, Quintus Fabius, hast du Tarent zurückerobert‹, sagte er vor meinen Ohren lachend zu ihm: ›Gewiss; wenn du es nämlich nicht verloren hättest, hätte ich es nie zurückerobert.‹«

»Das sind interessante Geschichten, lieber Cato, aber mit derlei kriegerischen Mannestaten habe ich nie zu tun gehabt.«

»Was sagst du? Du willst nichts mit Kriegen zu tun gehabt haben? Was macht ihr denn anderes als Krieg führen, wenn ihr bösartig danach trachtet, eure Konkurrenten vom Markt zu drängen, wenn ihr Firmen übernehmen wollt, oft feindlich, wenn sich die zu Übernehmenden wehren mit aller Macht? Wie verteidigt ihr euch da? Mit Giftpillen, ihr nennt sie ja sogar so, *Poison Pills*, vergifteten Aktionen, die die anderen schwächen oder die geplante Aktion so teuer machen sollen, dass sie sich nicht mehr lohnt. Genau wie wir. Wenn wir einen mächtigen Gegenspieler beseitigen wollten und dies mit dem Schwert nicht gelang, dann griffen wir auch zum Gift. Und sprecht ihr nicht sogar von *War Rooms*, in denen die Getreuen an Strategien für kommende Übernahmen arbeiten?«

Zum ersten Mal bediente sich Cato meiner Sprache, und das ganz ohne Tadel. Er schien sich also doch informiert zu haben. Und er war sichtlich erregt.

»Euch bereitet die Schlacht am Markt doch genauso viel Genugtuung und Vergnügen wie uns der Krieg. Wie sonst wäre Rom Weltreich geworden? Und wie sind denn eure großen Konzerne groß geworden? Wohl kaum dadurch, dass da jemand fleißig und brav ausbaut, was er vorfindet. Ihr sprecht sogar vom *Weltkrieg der Währungen*, in dem sich Nationen gegenseitig mit ihrer Finanzkraft bekämpfen. Und du sagst, du hättest mit Krieg nichts zu tun gehabt?«

Cato verlangte unwirsch nach einem Glas Weißwein. Ich holte eine Flasche aus dem Keller und schenkte ihm ein, einen fruchtigen Aigle aus dem Waadtland. Im alte Rom war es üblich, Wein nur mit Wasser gemischt zu trinken. Doch der unverdünnte Tropfen schien ihm zu munden.

»Vieles an eurer Zeit gefällt mir ja gar nicht«, meinte er und wischte sich mit dem Handrücken über den Mund, »aber mit diesen neuen Trinkgewohnheiten könnte ich mich schon anfreunden.«

Dann fuhr er fort.

»Einen Krieg habt ihr mit eurer Währung gewonnen. Denk doch an das Land, das ihr die DDR genannt habt!«

»Manche haben es bis zum Schluss in Anführungszeichen geschrieben«, warf ich dazwischen.

»Als dieses Land sich seines diktatorischen Systems entledigte, um ein demokratischer Staat zu werden – also, ein wirklich demokratischer, in dem es nicht nur ein Volk gab, sondern in dem das auch darauf beharren konnte, eines zu sein –, da habt ihr aus der BRD zu denen in der DDR gesagt: ›Wir geben euch unsere Währung im Verhältnis eins zu eins.‹ Und sofort sind sie zu euch übergelaufen. Siebzehn Millionen neue Untertanen. Ohne einen einzigen Toten. Einen feinen Krieg nenne ich das.«

Darüber, dass dieser *Krieg* den Staat und uns alle über 200 Milliarden Euro kostete, wollte ich nicht mit Cato rechten. Aber ich hatte verstanden. Ich erinnerte mich daran, wie ein englisches Unternehmen die Übernahme eines großen deutschen Konkurrenten anstrebte, in dessen Aufsichtsrat ich saß. Das

47

hatte absolut kriegerische Züge. Da gab es Angriffe und Gegenwehr, Bündnispartner und Hilfstruppen. Wie kamen die Engländer dazu, eine solche Attacke gegen eine Ikone der deutschen Industriegeschichte zu reiten? Der deutsche Konzern war zuvor in das Territorium der Engländer einmarschiert und wollte dort Marktanteile übernehmen. Es ging um Macht, um die Macht am Markt. Die Schlacht dauerte nicht lange. Die Engländer hatten einen Verbündeten in China. Der war Aktionär bei uns, hätte also eigentlich auf unserer Seite stehen müssen. Aber er wechselte das Lager, weil er sich Vorteile davon versprach.

Cato hörte mir aufmerksam zu. Von derlei Dingen verstand er etwas. Wie oft waren ihm Verbündete in den Rücken gefallen. Aber verlorene Schlachten waren seine Sache nicht. Vielleicht, analysierte er, hätten wir ja nur verloren, weil wir uns auf die Verteidigung beschränkten, als es kritisch wurde.

»Warum habt ihr nicht selbst den Gegenangriff gewagt und eurerseits versucht, diese Engländer zu übernehmen?«, fragte er streng.

In zahllosen Lagebesprechungen hatten wir im Aufsichtsrat diese Variante sehr wohl erwogen, aber der Konzernchef und seine Berater wollten davon nichts wissen. Sie hatten eher das eigene Wohl im Sinn als die Rettung des Unternehmens. Da haben die Alten gefehlt, von deren Weisheit Cato so viel hielt, die über Erfahrung hätten verfügen können. Sie hätten vielleicht Wege aus der tödlichen Umarmung aufzeigen und sich eine Lobeshymne wie die von Catos Freund Ennius verdienen können. Wir im Aufsichtsrat, die wir den Vorstand hätten unterstützen sollen, waren offensichtlich nicht solche Weisen.

»Du musst wissen«, belehrte mich Cato, »anderswo kann man einen Irrtum nachträglich beheben; Fehler in der Schlacht lassen sich nicht wiedergutmachen, da die Strafe unmittelbar dem Irrtum folgt.«

War es eine Strafe gewesen, dass damals fast alle Aufsichtsratsmitglieder ihr Mandat verloren?, fragte ich mich. Es ging in der ganzen Angelegenheit ja um sehr viel Geld. Am Ende bezahlten allerdings weder der Vorstand noch der Aufsichtsrat, sondern die Aktionäre, jene zumindest, die ihre Aktien nicht rechtzeitig abgestoßen hatten.

»Und eure Kriegsherren haben nichts dabei gewonnen?«, fragte Cato.

»Doch. Der oberste Feldherr, also der Konzernchef, der die Schlacht ja verloren hat, wurde am Ende mit sechzig Millionen D-Mark belohnt. Obwohl er eigentlich dafür bezahlt worden war, die Schlacht für uns zu gewinnen.«

»Das war bei uns manchmal auch so. Nicht immer wurden die Tapfersten belohnt«, meinte Cato trocken. Dann fragte er: »Was sind Aktionäre?«

Ich überlegte, wie ich es ihm erklären sollte.

»Aktionäre sind Menschen, die sich an derlei Schlachten beteiligen in der Hoffnung, dabei ihr Geld zu vermehren. Sie kaufen Anteile an einem Unternehmen. Abhängig vom Wert des Unternehmens verändert sich der Wert der Anteile. Als die Schlacht begann, war eine Aktie unseres Unternehmens rund hundert D-Mark wert. Im Schlachtgetümmel stieg der Wert auf mehr als das Doppelte. Am Ende war es weniger als zuvor, und die Besitzer der Aktien waren andere.«

»Das klingt kompliziert«, murmelte Cato. »Aber genau besehen war in unseren Schlachten auch nicht immer eindeutig, wer am Ende Sieger war und wer Verlierer.«

»Bei der Schlacht von Ausculum, als König Pyrrhus von Epirus euch Römer geschlagen hatte, waren Sie, lieber Marcus, ja nicht dabei.«

»Richtig, aber weißt du, was König Pyrrhus nach dem Sieg gesagt hat? ›Noch so ein Sieg, und wir sind verloren.‹«

Und Cato lachte schallend.

»Pyrrhussiege gibt es bis in unsere Zeit«, fiel mir

ein. »Wenn zum Beispiel ein großer Vorsitzender nach schwierigem Übernahmekampf seinem Konzern ein anderes Unternehmen einverleibt, voller Stolz von einem *Sieg der Vernunft*, ja sogar von einer *Hochzeit im Himmel* schwadroniert und Jahre später dieselbe Firma mit Milliardenverlusten wieder verkauft werden muss, dann sprechen wir immer noch von einem Pyrrhussieg, nennen den giftigen Sieg weiterhin nach dem König der Molosser, nicht etwa nach dem großen Vorsitzenden. Der hat allerdings auch nie gesagt: ›Noch so eine Übernahme, und unser Kurs ist im Keller.‹«

Wir waren beim Thema Börse angelangt. Das wollte ich nicht gleich wieder verlassen.

»Es gab doch auch im alten Rom schon etwas Ähnliches wie Aktien. Die scheinen allerdings nicht der Allgemeinheit, sondern nur einem ausgewählten Kreis von Personen zugänglich gewesen zu sein. So wurden Einkünfte aus der Landwirtschaft, dem Bergbau und dem Seehandel verpachtet. Sie, lieber Marcus Cato, als Zensor konnten sogar entscheiden, wer solche Anteile erhielt und wie viel sie wert sein sollten. Und wenn ich Plutarch richtig verstanden habe, waren Sie auch an Spekulationen beteiligt, und zwar mit Anleihen für Schiffe. Wer bei Ihnen Geld leihen wollte, musste zuvor einen Verband bilden, die Rede war von fünfzig Schiffen. Sie waren an dieser Vereinigung, ich würde es *Company* nennen, beteiligt, also ein *Investor*. Das Risiko der Beteiligung an einer großen Zahl von Schiffen war sehr viel geringer als jenes, das der Eigner nur eines Schiffs zu tragen gehabt hatte. So denken Investoren auch heute. Sie gründen *Mutual Funds*, das sind Töpfe, in die viele ihr Geld werfen, mit dem dann Beteiligungen gekauft werden. Ihr wart damals gar nicht so weit weg von dem, was wir heute Kapitalismus oder Marktwirtschaft oder auch soziale Marktwirtschaft nennen.«

»Das scheint so zu sein«, bestätigte Cato. »Und sozial war unsere Wirtschaft auch.«

»Aber nur für diejenigen, die einen gewissen sozialen Status hatten«, gab ich zu bedenken. »Die durften sich an dieser Wirtschaft beteiligen.«

Es schien mir unbotmäßig, den alten Herrn in seiner Haltung zur Marktwirtschaft zu korrigieren. Allerdings werden auch bei uns die Prinzipien der sozialen Marktwirtschaft nicht immer gleich hoch gehalten. Ein großer Unternehmer hat einmal zu mir gesagt: ›Man denkt beim Einkauf marktwirtschaftlicher als beim Verkauf.‹«

Eigentlich wollte ich von Cato mehr darüber erfahren, wie das damals mit dem Markt und den Geschäften so war. Aber zunächst dozierte ich weiter.

»Wir sprechen von einer *unsichtbaren Hand*, die den Markt, auf dem die einzelnen Marktteilnehmer für ihren eigenen Nutzen arbeiten, so steuert, dass ihr Tun am Ende allen zugutekommt.«

»Dafür sorgen bei uns die Götter«, sagte Cato. »Und wir akzeptieren es, wenn sie eingreifen. Auch wenn wir es nicht immer verstehen.«

Das wissen die Götter. Wir sagen das heute noch. Aber nur, wenn wir spüren, wie hilflos wir sind.

SCHLACHTFELD
KAPITALMARKT

Wir blieben beim Thema Wirtschaft. Da hatten wir offensichtlich gemeinsame Interessen. Ich erzählte von der Parallelwelt, in der Schlachten wie die, von der ich berichtet hatte, möglich werden, der sogenannten Finanzwelt.

»Ihr Schlachtfeld ist der Kapitalmarkt. Es ist eine parallele, virtuelle Welt, die allerdings in der realen Welt viel Unheil anrichtet. Die Gier wirkt da wie eine bösartige Krankheit. Sie hat sogar Banken niedergestreckt. Dass einige von ihnen schon bald wieder gesund und munter weitermachen konnten, verdankten sie dem Staat, der sich als Notarzt betätigt hat und mit enormen Geldmengen eingesprungen ist. Das ermöglichte einigen, sich selbst wieder satte Boni auszuzahlen.«

»Diebe von privatem Eigentum verbringen ihr Leben in Gefängnis und Fesseln. Diebe von Staatsgut in Gold und Purpur«, sinnierte Cato, bevor er auf das zurückkam, was ich gerade gesagt hatte.

»Dann ist also doch der Staat die unsichtbare Hand, von der du gesprochen hast«, bemerkte Cato.

»Ja, Sie haben recht, in diesem Fall schon. Wobei der Staat mit seinen Händen ziemlich offensichtlich hinlangt, wenn er eingreift. Der Finanzsektor ist zu groß, zu komplex und zu riskant. Das sagt sogar die Bank von England.«

»Bank von England? Da ist ja schon wieder der Staat am Werk. Warum hat man nichts getan gegen diese Gier, wenn sie derart verheerende Auswirkungen haben kann?«

»Man hat geglaubt, die Finanzgeschäfte würden Wohlstand schaffen. Deswegen ließ man die Spekulanten gewähren. Aber Wohlstand kam dabei nur für einige wenige heraus, für die Banker und ihre Helfer. Die haben richtig viel Geld verdient.«

»Wie bei uns«, unterbrach Cato. »Auch bei uns gab es diese Zeitgenossen, die sich Häuser auf dem Land und in der Stadt bauten mit Zitrusholz, Elfenbein und Fußbädern aus parischem Marmor.«

»Das wird so ähnlich gewesen sein, ja. Aber unsere Finanzmanager haben Luftgeschäfte gemacht. Zuerst gab es ein Kreditproblem in den Vereinigten Staaten von Amerika. Daraus haben die Banker ein Problem für die ganze Welt werden lassen. Der Mangel an Übersicht und Disziplin hat die Banken krank gemacht. So hat es ein Bankvorstand ausgedrückt. Die Hybris war groß. Einer der ganz

Wichtigen, der auch noch einer besonderen Kaste innerhalb der Finanzwelt angehört hat, glaubte gar, er tue Gottes Werk.«

»Dann beleidigt er die Götter«, befand Cato streng. »Was für eine Kaste?«

»Oh, eine ganz besondere. Ihre Mitglieder halten sich für überaus kompetent, ja für allwissend und werden bei all ihren Geschäften vom Bewusstsein der eigenen Bedeutung getragen. Man nennt sie Investmentbanker. Sie selbst nennen sich *Master of the Universe*. Sie investieren nicht wirklich. Eigentlich sind sie gar keine Banker.«

»Warum nicht?«, fragte Cato.

»Weil Banken, wie wir sie in der realen Wirtschaft brauchen, um das Geld zu bekommen, das wir für unsere Geschäfte benötigen, das Prinzip hochhalten, dass zum Bankgeschäft mehr gehört als bloßes Geldverdienen. Das sehen die Investmentbanker an der New Yorker Wall Street anders. Sie haben wenig Interesse an der realen Wirtschaft, dafür umso mehr am Geldverdienen. Man spricht bereits von einer eigenen Spekulationswirtschaft.«

»Ich verstehe. Wie wird das weitergehen?«

»Das wissen die Götter.«

Cato sah mich ernst an.

»Man will die Banken an die kurze Leine nehmen,

weiß aber nicht so recht, woraus die Leine bestehen und wer sie in der Hand halten soll.«

»Es muss doch auch Menschen geben, die mit ihrem Geld dafür sorgen ...«

»Wofür sollen sie sorgen?« Diesmal war ich es, der Cato unterbrach. »Dass wieder Kredite für Investitionen in der realen Wirtschaft ausgegeben werden und das Spekulieren ein Ende findet? Da lachen die Investmentbanker nur. Richtig Geld verdient wird mit der Spekulation. Man kann auf alles Mögliche spekulieren, sogar auf Rohstoffe, auf Gold, Silber, Öl, Weizen sogar. Es gibt Spekulanten, die verdienen Milliarden von Dollar, indem sie darauf wetten, dass andere ihre Kredite nicht zurückbezahlen werden. In den vergangenen fünf Jahren hat sich in unserer Wirtschaft das spekulative Geld verfünfundzwanzigfacht.«

»Respekt, das nenne ich Wachstum«, sagte Cato. »Warum bist du gegen die Spekulation? Jeder Unternehmer spekuliert doch, sobald er ein Produkt anbietet. Er kann nicht wissen, ob es Anklang findet und gekauft wird.«

»Ich spreche von Spekulationen, bei denen genau diese Verbindung zur Wirklichkeit fehlt, Spekulation ohne reales Geschäft. Nehmen wir einmal an, Sie kaufen ein Zertifikat auf Ihren Tod und wetten, dass

Sie innerhalb eines Jahres sterben. Tritt es ein, machen Sie zehn Prozent Gewinn. Wenn nicht, sind Sie Ihren Einsatz los.«

»Und so etwas verkaufen Banken?« Cato schien ernsthaft empört. »Und das nennt ihr ausgerechnet *Zertifikat*? Wisst ihr nicht, was das bedeutet? *Certificatus* bedeutet ›beglaubigt‹ und stammt von *certus* ab, das heißt ›sicher‹.«

Der Gedanke, dass ein Weltreich nur mit Finanzgeschäften, ganz ohne reale Schlachten, wachsen konnte, überstieg das Vorstellungsvermögen des alten Römers. Er fragte nach der Ehrlichkeit bei derlei Transaktionen und fügte hinzu:

»Ich betone es: Wenn du Wahres unterdrückst, wirst du als Heuchler erkannt; wenn du Falsches befindest, bist du offenbar ein Lügner.« Dann sagte er noch: »Du hältst nicht viel von der Finanzwelt.«

»Nun«, antwortete ich, »wir brauchen natürlich Banken. Und es gibt ja auch gute Banken, die verstehen, was unsereins benötigt. Aber ich bin nun mal Ingenieur. Und Ingenieure produzieren echte Waren, indem sie konkrete Probleme lösen, während an den Finanzmärkten durch Spekulation lediglich Scheinwerte geschaffen werden. Und jene, die das tun, residieren in kathedralenartigen Palästen mit abweisenden Spiegelglasfassaden, von gepflegten Grünanlagen umgeben. Wachleute sorgen dafür, dass keine ungebetenen Eindringlinge den Glanz der Bilanzen stören. Warum sind die Gebäude der Banken meistens so viel eindrucksvoller als die Zentralen der Unternehmen in der realen Wirtschaft? In Frankfurt am Main drängen sich die gewaltgen Bankhochhäuser, übertrumpfen sich gegenseitig in der Höhe und in der Kostbarkeit der Bauweise. Fünfunddreißig Stockwerke hat zum Beispiel der Turm, der die Zentrale einer Bank beherbergt, die in ihren Ergebnissen gar nicht mal so besonders dasteht. Aus schwindelnder Höhe schauen die Vorstände auf die Stadt und auf das Land herab. Die Zentrale des größten deutschen Konzerns, für den fast vierhunderttausend Menschen arbeiten, begnügt sich dagegen mit einem dreizehnstöckigen Backsteinbau.«

Cato staunte.

»Aber«, sagte ich resigniert, »vielleicht sind ja auch alle Zeiten oder zumindest die Menschen zu allen Zeiten gleich schlecht. Ich habe von einem Ihrer Enkel gelesen, Gaius Porcius Cato, Münzmeister seines Zeichens, der soll vom numidischen König Jugurtha bestochen worden sein und sich seiner Verurteilung durch Flucht ins Ausland entzogen haben. Stimmt diese Geschichte?«

Cato nickte langsam, die Miene ernst. Dann kam

er noch einmal auf das Desaster auf den Finanzmärkten zu sprechen. Er schien meine Erregung nicht zu verstehen. Und ich wollte ihm nicht sagen, dass ich selbst auch viel Geld dabei verloren hatte. Das war aber meine eigene Schuld. Um ihn abzulenken, versuchte ich es mit einem Haiku, einem japanischen Gedicht nach dem Silbenschema fünf – sieben – fünf:

»Das Geld ist nie weg.
Verschwindet als grosse Zahl
in falschen Bilanzen.«

Cato verstand und lachte. Mit Poesie konnte er etwas anfangen. Er kehrte zu unserem eigentlichen Thema zurück, dem Alter. Er fragte mit einem Anflug von Mitleid, ob es mich wirklich bedrücke, keine Ämter mehr zu haben. Ohne die Antwort abzuwarten, riet er mir, meine Erfahrung dem Staat zur Verfügung zu stellen. Er verwendete nicht den Begriff *Erfahrung*, er sagte *Weisheit des Alters*.

Da dachte ich an ein Gespräch, das ich einmal mit einem Bundeskanzler führte. Es war kurz nach meinem Ausscheiden als Chef eines großen Staatsunternehmens. Ich sagte, ich hätte ja jetzt mehr Zeit und stünde auch für ein politisches Amt zur Verfügung. Er gab vor, erfreut zu sein, und meinte: ›Leute wie Sie brauchen wir.‹ Ich habe in der Sache nie wieder etwas von ihm gehört.

Ich fragte Cato: »Aber wollen denn die, die in Ämtern sind, Rat von solchen, die keine Ämter mehr haben, wohl aber die Weisheit des Alters?«

»Weißt du, was ein großer Römer einmal gesagt hat? ›Hört auf einen alten Mann, auf den alte Männer hörten, als er jung war.‹«

Cato blieb dabei, dass man sich um das Gemeinwesen kümmern solle. Ich war mir da nicht so sicher.

»Als Sie Ihr Konsulat verteidigten, war Ihre Rede eine ganz andere. Da haben Sie gesagt, ich zitiere: ›Auch ich habe schon längst erkannt und eingesehen, dass es außerordentlich gefährlich ist, sich tatkräftig um das Gemeinwesen zu kümmern. Meine Gegner haben viele unerhörte Wunderdinge aufgetischt, und ich kann mich nur wundern über so viel Frechheit und Unverschämtheit.‹«

Unwirsch wiegelte Cato ab: »Ich habe dagegengehalten und gesagt, ihr sollt sehen, wie anders ich gehandelt habe.«

Wie war es mir bei meinen Einsätzen für das Gemeinwesen ergangen? Anfangs wurde ich gelobt, später geschmäht, »fälschlich«, wie Cato sagen würde. Man deutete Unternehmensgewinne aus meiner Amtszeit in Verluste um, weil das dem Image meines

Nachfolgers nützte. Es war gar nicht schwierig, das zu tun. Man brachte einfach eine andere Definition von Gewinn zur Anwendung. Als ich meinen Nachfolger darauf ansprach, meinte er, in der Hektik des Geschehens könne so etwas schon einmal passieren. Ich war einigermaßen enttäuscht. Schließlich hatte ich den Mann selbst als meinen Nachfolger vorgeschlagen. Für die Medien blieb ich der, der Verluste gemacht hatte.

Cato blieb bei seiner Empfehlung, dass man seine Ämter in der Wirtschaft in Ehrenämter umwandeln, also ohne die anerkennende Gegenleistung in Form von Geld weiter tätig bleiben solle.

Da gibt es allerdings genug zu tun. Meine Frau und ich haben zum Beispiel eine Stiftung, die frühkindliche Bildung fördert. Dieses Thema hat mich früher überhaupt nicht interessiert. In der Zwischenzeit habe ich allerdings gelernt, dass es sich dabei um ein Schlüsselthema unserer Gesellschaft handelt. Was bei Kindern in den ersten fünf Lebensjahren versäumt wird, fehlt ihnen ein ganzes Leben lang. Deshalb sind Kindergärten so wichtig. Die aber brauchen Geld für die Ausstattung und für gutes Personal. Es war eine wundervolle Erfahrung, zu beobachten, wie sich Kinder in den von uns unterstützten Kindergärten entwickelten, ihnen beim Spielen zuzuschauen, zu sehen, wie sie ihre Stärken entfalteten und sich Raum für ihre jeweiligen Begabungen suchten. Mit meinen Beziehungen konnte ich da viel bewegen.

»Das ist gut«, sagte Cato. »Alten Menschen bleiben ihre Geistesgaben erhalten, wenn ihnen nur Fleiß und Eifer erhalten bleiben. Und das gilt nicht nur bei berühmten und geehrten Persönlichkeiten, sondern auch im ruhigen privaten Leben.«

Cato fand also, dass das auch für den pensionierten Arbeiter galt.

Dann empfahl er mir, Studien zu betreiben. Er verwies auf Platon, der in seinem einundachtzigsten Lebensjahr schreibend starb. Er nannte Xenokrates und den Stoiker Diogenes, deren Studien so lange andauerten wie ihr Leben. Er schloss mit einem großherzigen Gedanken, den er schon den beiden jungen Römern mit auf den Weg gegeben hatte: »Da pflanzt du Bäume, die einem anderen Jahrhundert Nutzen bringen.«

»Ich habe Sie verstanden, lieber Marcus Cato. Haben Sie weitere Ratschläge für mich?«

Da fielen mir die Berater wieder ein, an die ich schon hatte denken müssen, als Cato vom Lohn für seine Hilfe gesprochen und ich mich gefragt hatte, ob er wohl ein Beratungshonorar erwartete. Ich habe mich immer gewundert, dass es so viele Berater gibt.

Allein in unserem Land sind es fast hunderttausend, viele von ihnen intelligent und einfallsreich. Aber warum beraten sie nur und unternehmen nicht selbst etwas, indem sie Verantwortung in einem Unternehmen übernehmen? Wenn Unternehmen in Schwierigkeiten geraten, auf gut Deutsch: wenn das Geschäft nicht mehr so richtig läuft, dann werden Berater gerufen. Die informieren sich, indem sie Mitarbeiter des Unternehmens befragen. Die Mitarbeiter erklären den Beratern, was im Unternehmen falsch läuft und was man ihrer Meinung nach ändern müsste. Die Berater fassen das Ergebnis dieser Befragung in einer Powerpoint-Präsentation zusammen, die sie dann der Geschäftsführung als ihre eigene Position vorstellen. Die Geschäftsführung nickt das Konzept ab und beschließt dessen Umsetzung. Dann fangen die Berater an, richtig viel Geld zu verdienen. Und die Unternehmen – das hat der Vorsitzende einer großen deutschen Unternehmensberatung einmal in der Zeitung geschrieben – sind zahlungsbereit, schließlich feilscht man nicht ums Geld, wenn man den Notarzt ruft.

Ich habe mich oft gefragt, warum die Unternehmen das nicht mit ihren eigenen Leuten machen. Fehlt das Vertrauen? Braucht man die Berater als Alibi, um sich mit unbequemen Entscheidungen hinter ihnen verstecken zu können? Das geht nicht auf. Berater raten. Handeln muss man immer selbst. Auch Cato konnte mir nur Ratschläge geben. Mit dem Alter fertigwerden musste ich schon selbst.

»Wie steht es mit denen, die gar noch etwas dazulernen?«, fragte Cato und zitierte den Philosophen Solon, der erklärt hatte, er werde alt, wobei er täglich vieles lerne. Er selbst, so Cato weiter, habe sich im Alter intensiv mit der griechischen Sprache beschäftigt, die er, wie alle Söhne aus gutem Hause, schon in seiner Jugend erlernt habe.

»Ich habe es mir freilich, wie wenn ich einen lange empfundenen Durst zu stillen wünschte, so begierig angeeignet, dass mir gerade Dinge bekannt geworden sind, die ich nun, wie du siehst als Beispiele anführe.«

Das war interessant. Ich wusste, dass Cato allem, was mit Griechenland zu tun hatte, skeptisch gegenüberstand. Da witterte er zu viel Geist und zu wenig Machtbewusstsein. Womöglich wollte er die andere Seite besser kennenlernen. Das gelingt nur, wenn man die Gedanken und die Argumente in der Muttersprache verfolgen kann. Heute müssten wir eigentlich Chinesisch lernen, um wirklich verstehen zu können, was die Chinesen antreibt. Es wäre wichtig, das zu wissen, denn sie sind unsere wichtigsten und auch gefährlichsten Konkurrenten. So, wie es die Griechen, aber auch die Germanen, für die Römer waren.

»Wir haben viel zu wenig über diese wilden, ungebildeten Burschen aus dem Norden gewusst«, meinte Cato.

»Soll ich Ihnen sagen, lieber Marcus Cato, welche Sprache die intelligenten Chinesen lernen wollen?«

»Nun?«

»Latein.«

Cato staunte nicht schlecht.

»Als ein chinesischer Professor einen Studenten aufforderte, er solle sein Englisch verbessern, antwortete der ihm: ›Wir müssen die Römer studieren, denn die Römer haben ein Imperium aufgebaut, das über Jahrhunderte gehalten hat. Von ihnen müssen wir lernen!‹«

Das gefiel dem alten Römer naturgemäß.

»Aber wir können schon auch von den Chinesen lernen«, fuhr ich fort. »Haben Sie schon einmal von dem chinesischen Verwalter Kong Qiu gehört? Der hat noch vor Ihrer Zeit gelebt und wurde unter dem Namen Konfuzius berühmt. Der hat gesagt: ›Neun Dinge sind es, auf die der Edle sorgsam achtet: Beim Sehen achtet er auf Klarheit, beim Hören auf Deutlichkeit, in seiner Miene auf Freundlichkeit. Im

Benehmen achtet er auf Höflichkeit, im Reden auf Ehrlichkeit, im Handeln auf Gewissenhaftigkeit. Wenn ihm Zweifel kommen, fragt er andere. Ist er im Zorn, bedenkt er die Folgen. Angesichts eines persönlichen Vorteils fragt er sich, ob er auch ein Anrecht darauf hat.‹«

»Das hätte auch ein Römer sagen können«, fand Cato. »Lass uns über das Lernen im Alter sprechen.«

»Lebenslanges Lernen«, sagte ich nachdenklich.

DIGITALE WELT

Lebenslanges Lernen. Es ist zum Schlagwort geworden und wird allenthalben empfohlen. Die demografische Entwicklung hierzulande verlangt geradezu danach. Aber wie soll dieses lebenslange Lernen aussehen? Was ist, wenn ich gar nicht mehr lernen will? Wenn mir das, was ich weiß, völlig genügt?

Cato schüttelte nur den Kopf. Es gehe doch nicht um abfragbares Wissen oder zusätzliche Information. Er propagierte ein ständiges mentales Training. Geistige Beschäftigung sei eine Antwort auf die Frage, was man im Alter noch tun könne.

Das leuchtete mir ein. Aber jetzt noch Griechisch lernen? Das war nichts für mich. Aber ich könnte mich mehr mit einem Thema beschäftigen, das uns alle angeht, das ich bisher aber nicht wirklich verstanden habe: die digitale Besetzung der Welt durch den Einsatz von Computern und die Nutzung des Internets. Ich bemühte mich, Cato dieses Thema nahezubringen, so gut ich konnte.

»Es handelt sich um ein Netz, bestehend aus einer beliebig hohen Zahl von Computern, also von Maschinen, die wie Hirnzellen miteinander verbunden sind. Das Netz enthält alle Informationen, die es auf der

Welt gibt, sodass jede Information jederzeit von jedermann abgerufen werden kann. Daraus ergibt sich eine unendliche Vielfalt von Möglichkeiten: für den Nachrichtenverkehr, für Wissenstransfer, für Spiele, Handelstätigkeiten, für die Eheanbahnung, für die Vernetzung von Menschen, die dasselbe politische Ziel verfolgen, aber auch für kriminelles Handeln – für alles, worüber Menschen kommunizieren.

Da ist alles möglich. Du könntest womöglich sogar über das Internet zwei Flugzeuge zusammenstoßen lassen, wenn du dich in den Rechner der Flugsicherung einschleichst. Aber auch wenn alles möglich ist, bilden sich Gesetze heraus. Eine Regel hat der Journalist Jürgen Kaube in der *Frankfurter Allgemeinen Zeitung* aufgestellt. Sie lautet: »Die Wahrscheinlichkeit dafür, dass im Internet aus nichts nicht sofort etwas gemacht wird, ist gleich null.« Kaube konstruiert das als eine Weiterentwicklung von Godwins Gesetz. Das wiederum hat der amerikanische Jurist Mike Godwin schon im Jahr 1990 aufgestellt. Es besagt, dass mit zunehmender Dauer einer Internetdiskussion die Wahrscheinlichkeit, dass jemand einen Vergleich mit Hitler oder den Nationalsozialisten zieht, sich dem Wert eins annähert.«

Cato sah ein wenig ratlos aus, was ich verstehen konnte.

»Im Internet geht alles sehr, sehr schnell«, fuhr ich fort. »Ein Tastendruck, eine kurze Berührung mit dem Finger setzt das System in Gang. Es ist einfach, wenn man damit umgehen kann. Meine Enkelin ist zwölf Jahre alt und beherrscht das alles. Sie erklärt mir hin und wieder, mit überheblichem Grinsen im Gesicht, wie ich die vielen neuen Geräte zu benutzen hätte. Aber ich komme schon mit den Namen und Bezeichnungen dieser Parallelwelt, die ausschließlich digital und nicht mehr körperlich ist, durcheinander. Das ist wie in der Parallelwelt der Finanzmärkte. Da bringe ich die Begriffe auch nicht mit meiner realen Lebenswelt in Einklang. Da haben sich ganz neue Sprachen herausgebildet, die ich nicht beherrsche. Ich tröste mich mit dem Kommentar eines Sicherheits-experten, das Internet sei die erste Konstruktion, die der Mensch erschaffen habe, aber nicht verstehe. Und der Informatiker Jaron Lanier hat in seinem Buch *Gadget. Warum die Zukunft uns noch braucht* geschrieben: ›Vielleicht ist das Internet der fremdeste Ort auf unserem Planeten.‹

Noch ist nicht klar, welche Auswirkungen das Internet langfristig auf die Gesellschaft hat. Aber es steht außer Frage, dass die Auswirkungen enorm sein werden. Ich habe irgendwo gelesen, ein Philo-soph habe einmal gesagt, er wüsste mehr, wenn man ihn nicht informiert hätte. Das hat mir eingeleuchtet. Das Internet informiert ständig über alles. Es kann süchtig machen. Die Menschen gieren nach Informationen, auch wenn sie die gar nicht verarbeiten können. Man will alles wissen, weil man alles wissen kann. Ein Mausklick genügt. Man kann dem Internet und über das Internet auch alles über sich mitteilen. Dafür verwendet die Internetgemeinde den Begriff *sozial*. Dabei ist es doch bloß ein Austausch von Information. Und all die Such- und Sozialdienste sind letzten Endes nur Maschinen, die die Werbung effizienter machen und dadurch den Konsum anheizen sollen.«

»Sind diese Computer so mächtig, dass sie euch beherrschen?«, fragte Cato dazwischen. »Habt ihr sie so weit perfektioniert, dass sie das können?«

»Ja, wir sind da weit gekommen. In China ist ein Rechner entwickelt worden, sie nennen ihn *Milchstraße 1 A*, der in einer Sekunde zweitausendfünfhundert Milliarden Rechenoperationen ausführt.«

Cato sah mich entgeistert an. Bis hierher schien er der Sache folgen zu können. Jetzt kratzte er sich am Kopf, als wolle er die Anzahl der Nullen nachrechnen.

»Aber es gibt Grenzen. Nehmen wir zum Beispiel ein Eichhörnchen, das auf einen Baum klettert, von Ast zu Ast springt, sich selbst dann noch festhält, wenn die Äste schwanken, und dabei nicht vergisst, seine Nuss im Maul festzuhalten. Es ist unglaublich, mit welcher Sicherheit das Eichhörnchen sich bewegt und noch auf dünnsten Zweigen Halt findet. Derartige Bewegungsabläufe könnte ein Computer nicht nachvollziehen. Er würde herunterfallen.«

Noch, schoss es mir durch den Kopf. Und ich erschrak bei dem Gedanken.

»Eine Welt ohne Internet können wir uns heute nicht mehr vorstellen«, fuhr ich fort. »Wir leben mit dem Internet. Wir füttern es, und es füttert uns. Das Internet ist auch ein neues Schlachtfeld geworden. Es ist Angriffen ausgesetzt. Die Angreifer können Personen sein, aber auch Unternehmen oder Organisationen. Es werden Programme entwickelt, die unbemerkt die Kontrolle über einen oder auch mehrere Computer übernehmen. Man nennt sie *Trojaner*, nach jenen Kriegern, die in einem großen Holzpferd in die Stadt Troja eingeschleust wurden und sie dann von innen eroberten.

Mein Gast aus Rom nickte. »Das waren ausnahmsweise einmal kluge und würdige Griechen.«

»Wir benutzen das Internet als Werkzeug. Wenn wir mit anderen Menschen kommunizieren wollen, schreiben wir E-Mails, das sind elektronische Briefe. Wenn ich die Person, mit der ich E-Mails tausche, persönlich kenne, ein Bild vor meinem inneren Auge habe, finde ich das gut und hilfreich. Aber das Kommunizieren über das Netz kann auch eine trügerische Vertrautheit erzeugen, die in Verbindung mit der physischen Distanz die Gefahr birgt, dass man den anderen idealisiert.

Für mich ist das Lesen am Computer etwas anderes als das Lesen einer Zeitung auf Papier. Auf dem Bildschirm habe ich immer nur Ausschnitte vor Augen, die ich über die Tastatur verändern und bewegen kann. Im Vergleich ist mir bewusst geworden, was ich an der Zeitung auf Papier so schätze. Man braucht etwa fünfzehn Minuten, um sich einen Überblick zu verschaffen, was in einer Ausgabe steht. Lese ich online, brauche ich viel länger. Ich klicke mich von Link zu Link. Alles könnte interessant sein. Ich schlage Informationen nach, die mich wieder zu anderen Informationen leiten oder auch verleiten. Vielleicht muss ich erst noch lernen, wie man im Netz Zeitung liest. Bisher dauert es viel zu lange.

Außerdem habe ich beobachtet, dass in den gedruckten Zeitungen noch mehr Anstand vorherrscht als im Internet, wo jeder jeden auf übelste Weise beschimpfen kann, ohne Argumente oder Beweise zu liefern und ohne seinen Namen zu nennen. Blogger sind oft miese Typen. Sie wollen halt gelesen und heruntergeladen werden. *Herunterladen* – das klingt doch wie *eine Pistole laden* ...«

Cato sah mich mit großen Augen an.

»Immerhin, du willst es also noch lernen«, sagte er. Dann wollte er wissen, was ein Link ist. Ich versuchte, es ihm auf meinem iPad zu zeigen. Aber die Verbindung war zu schwach. Vielleicht lag es an den Bergen. Auf jeden Fall funktionierte es nicht. Also fuhr ich fort mit meinen Erläuterungen.

»Es heißt, das Internet könne bald selbst denken«, sagte ich. Ich versuchte, mir selbst klar zu machen, was das bedeuten könnte. Immerhin haben Forscher festgestellt, dass das Bewusstsein – und Bewusstsein ist die Voraussetzung für alles Denken – aus gewissen physikalischen und chemischen Vorgängen resultiert. Und einen Laptop kann man nicht so programmieren, dass er etwa Kohlenstoffdioxid in Zucker umwandelt. Kann das Internet also kreativ werden? Kreativität bedeutet, dass unsere Gedanken sich unserer Kontrolle entziehen, wenn wir einschlafen zum Beispiel, wenn wir träumen, wie der amerikanische Philosoph David Gelernter sagt. Das Internet schläft nicht. Es kann nicht einschlafen. Es leidet an Einschlafmyoklonie, an diesen kurzen, plötzlichen Zuckungen im Körper während des Einschlafens.

Das Internet wirklich verstehen, richtig damit umgehen können, ja, das wäre schon interessant, sagte ich zu mir selbst. Aber da ist etwas in mir, was sich dagegen sträubt. Ist das etwa das Alter? Wäre Griechisch lernen einfacher?

Cato, der große Kommunikator, hätte ein Instrument wie das Internet, hätte es derlei zu seiner Zeit gegeben, bestimmt genutzt, um seine Vorstellungen von Zucht, Ordnung und Moral zu verbreiten. Andererseits wäre es ihm im Internet bestimmt viel zu beliebig zugegangen.

Wir tranken unseren Weißwein. Ich wollte auf den zweiten Punkt seiner Checkliste zu sprechen kommen, auf die Schwächen des Körpers im Alter.

»Auf die Gesundheit!«, sagte ich und hob mein Glas.

SCHWACHES SPIEL

Zum Thema Gesundheit im Alter fiel mir nur Golf ein.

»Ich bin Mitglied in einem Golfklub«, sagte ich. »Ich spiele gern Golf.«

»Das ist doch dieses Spiel mit den langen Schlägern und den kleinen weißen Bällen, für das man viel Platz braucht?«

Ich nickte.

»Mit so kleinen Bällen haben wir nicht gespielt. Aber Vereine hat es bei uns auch schon gegeben«, sagte Cato zu meiner Überraschung. Davon hatte ich noch nie gehört.

»Was für Vereine?«

»Alle möglichen Arten von Vereinen. Sie mussten vom Staat genehmigt werden. Und dafür gab es strenge Regeln. Ein Verein für Bogenschützen etwa wurde nicht genehmigt, ein Beerdigungsverein immer. Die Familien sollten sich selbst um die Beerdigungen ihrer Mitglieder kümmern. Da haben sich Beerdigungsvereine gebildet. In denen wurden auch Würfelspiele gespielt.«

»In dem Golfklub, in dem ich Mitglied bin, wird auch nicht nur Golf gespielt. Da gibt es Geselligkeiten, aber auch kleinliche Streitigkeiten unter den Mitgliedern. Da sind zum Beispiel immer einige, denen es ganz wichtig ist, im Klubvorstand zu sein. Sie scheinen sonst nichts zu tun zu haben.«

»Geselligkeit wurde auch bei uns großgeschrieben. Allerdings wurden Vereine verboten, hinter denen wir politische Klubs vermuteten oder die hinter verschlossenen Türen geheime Orgien veranstalteten. So hat unser Senat Dionysosfeiern verboten, die sogenannten Bacchanalien. Da hatten unter dem Deckmantel eines Kultes Ausschweifungen stattgefunden, die ein anständiger Bürger keinesfalls dulden konnte.«

»Bei uns kann jeder einen Verein gründen. Du musst dazu nur sieben Mitglieder zusammenbringen. Und bei uns werden viele Vereine gegründet. Und sei es nur mit dem Ziel, dem Weingott Bacchus zu huldigen.«

Aber ich wollte Cato ja das Golfspielen als Beispiel für eine Art der körperlichen Betätigung vorstellen, der man bis ins Alter hinein nachgehen kann. Ich erzählte von einem Turnier, an dem ich teilgenommen hatte. Am Ende war ich müde und froh, die achtzehn Loch hinter mich gebracht zu haben, nicht besonders erfolgreich, aber ich war zufrieden. Es war ein Firmenturnier, und ich durfte am ersten Loch zusammen mit einigen Lokalmatadoren abschlagen.

Das war eine Ehre. Ich war achtundsiebzig Jahre alt und hatte ein ziemlich schwaches Handicap. Ich hatte den ehrenvollen Abschlag mit den prominenten Turnierteilnehmern also allein meinem Renommee als sogenannte *Unternehmerlegende*, so hatte es der Veranstalter bei der Begrüßung genannt, zu verdanken. Es herrschte angenehmes Sommerwetter, hin und wieder wehte ein kühlendes Lüftchen. Die sechs auf dem Platz zurückzulegenden Kilometer hatten mir nicht zu schaffen gemacht, es war sogar angenehm. Aber beim Ausholen zum Schlag, beim Drehen des Oberkörpers, den Blick immer auf den Ball gerichtet, spürte ich, wie es im Kreuz zog. Am anstrengendsten war es, sich zu bücken, um den Ball aus dem Loch zu holen.

»Sie haben sich gut gehalten«, sagte einer der Mitspieler im Umkleideraum. »Ihr Alter sieht man Ihnen nicht an.«

»Danke«, erwiderte ich. Der Mitspieler hatte ein faltiges Gesicht, der Hals war aufgeschwemmt, der Bauch hing wie eine Wulst über den Gürtel. Er trug eine grün karierte Hose und auf dem Kopf die Mütze des Klubs. Er war pensionierter Vorstand eines Großunternehmens. Der bekommt bestimmt eine gute Pension, dachte ich. Ich ärgerte mich darüber, dass er keinerlei Probleme mit seinem Körper zu haben schien. Dabei war er wesentlich jünger als ich. Und ich konnte gar nicht wissen, ob er nicht vielleicht doch Beschwerden hatte.

Beim Abendessen zu Ehren der Sieger saß ich neben einer Fernsehmoderatorin. Auch sie hatte an dem Turnier teilgenommen. Sie sagte: »Guten Abend.« Mehr nicht. Sie hatte eine auffallend gute Figur. Wie ich so neben ihr saß, betrachtete ich sie von oben bis unten, prägte mir jedes Detail ein, die kurz geschnittenen Haare, die Augen, die geschürzten Lippen, das Kleid, die Schuhe, den Schmuck, geradeso, als müsste ich sie hinterher beschreiben oder zeichnen. Ich fragte, wie sie Fernsehmoderatorin geworden sei. Es sei, antwortete sie, ein Redakteur gewesen, sie nannte einen Namen (ich hatte ihn noch nie gehört), der habe gesagt, sie müsse zum Fernsehen, so wie sie aussehe. Dann habe sie mit ihm geschlafen und sei Moderatorin geworden.

Auf der Heimfahrt nagte das Altwerden an mir. Es tat richtiggehend weh. Einschlafen konnte ich auch nicht. Einschlafmyoklonie.

Später traf ich die Fernsehmoderatorin in einem Lokal wieder, das viel von Prominenten besucht wird. Wir tranken einen Kaffee zusammen, und ich fragte, warum sie mir damals die Episode mit dem Redakteur erzählt hatte. War es womöglich eine Reaktion darauf gewesen, dass ich sie so begehrlich angestarrt hatte? Nein, antwortete sie, das sei es nicht gewesen. Sie habe mich für mächtig gehalten und aus diesem Grund eben etwas Bedeutendes sagen wollen.

KÖRPERKRAFT

Cato hörte eher höflich als wirklich interessiert zu. Ich hingegen sah ihn erwartungsvoll an. Er strich mit der Hand über das kurzgeschorene weiße Haar und sagte:

»Die Kräfte eines jungen Menschen vermisse ich nicht einmal jetzt, so wenig wie ich als junger Mensch die Kraft eines Stieres oder eines Elefanten vermisste. Man sollte das gebrauchen, was man hat, und alles, was man tut, entsprechend seinen Kräften tun.« Er hob die Stimme. »Welcher Ausspruch könnte verächtlicher sein als der des Milon von Kroton. Als er bereits ein alter Mann war und zusah, wie sich Athleten in der Kampfbahn übten, da soll er seine Arme betrachtet und unter Tränen gerufen haben: ›Ach, die sind ja schon tot! Nein, die sind es nicht, so wie du es bist, du Narr!‹«

»Aber man spürt doch, wie der Körper immer müder wird«, begehrte ich auf. »Ich merke das ständig, nicht nur wenn ich Sport treibe, auch wenn ich Termine habe, eine Rede halten oder an einer Podiumsdiskussion teilnehmen soll. Ich fühle mich oft schon davor ganz schlapp und frage mich insgeheim: *Muss das sein?*«

Das schien Cato zu verstehen. Das war ja sein Metier.

»Ein Redner fühlt sich erschlafft im Alter. Seine Aufgabe erfordert ja nicht nur Geistesgaben, sondern körperliche Voraussetzungen. Grundsätzlich behält der typische Klang einer Stimme auf irgendeine Weise auch im Alter seinen Klang. Die ruhige verhaltene Sprache eines alten Menschen wirkt trotzdem stilvoll, und die gefällige, gelassene Redeweise eines betagten Redners findet von selbst ihr Publikum.«

Das wiederum leuchtete mir ein. Ich nahm mir vor, es mir künftig zu Herzen zu nehmen.

Cato fragte nach der Art von Publikum, vor dem ich Reden hielt.

»Vor Kurzem«, erinnerte ich mich, »habe ich an einer Universität vor Studenten gesprochen, lauter junge Leute ...«

»Was gibt es Erfreulicheres«, rief Cato aus, »als im Alter von jungen Menschen voller Eifer umgeben zu sein!«

Das war tatsächlich so.

»Ja, es macht mir Spaß, jungen Menschen aus meinem Leben zu erzählen; wie ich zu meinen Ämtern gekommen bin zum Beispiel; wer daran alles beteiligt war; oder von meinen Begegnungen mit hochgestellten Persönlichkeiten, deren Namen die

Studenten zwar noch kennen, von denen sie aber nicht viel wissen: große Unternehmer, berühmte Professoren, Minister, Regierungschefs. Wenn ich von diesen Begegnungen erzähle, von den Menschen und von den Gesprächen, die ich mit ihnen geführt habe, komme ich richtig in Fahrt, vor allem wenn niemand von der Presse anwesend ist und ich nicht befürchten muss, falsch oder aus dem Zusammenhang gerissen zitiert zu werden. Wenn mein Vortrag jungen Menschen gefällt, tut mir das richtig gut.«

Er sagte nichts. Da sagte ich noch: »Du hilfst mir mit deinem Zuspruch.«

Das tiefe Einverständnis beim Thema der öffentlichen Rede sowie die Erinnerung an die Vorträge vor den jungen Menschen und deren Begeisterung wärmten mir regelrecht das Herz, so sehr, dass ich meinem altehrwürdigen Gast gegenüber ins für mich vertrauliche *Du* verfiel. Der bemerkte es und lächelte.

»Wir verstehen uns«, sagte er. »Aber ich muss dir noch etwas zu den körperlichen Schwächen des Alters sagen.«

Er setzte sich auf und schaute streng.

»Das Nachlassen der Kräfte rührt häufiger von den Sünden der Jugend her als von denen des Alters; denn eine ausschweifende und hemmungslose Jugend übergibt dem Alter einen erschöpften Körper.«

JUGENDSÜNDEN

Vor mir ragte ein lang gestreckter Zeigefinger senkrecht in die Luft. Für diese Geste war Cato bei seinen Kollegen im Römischen Senat berühmt. Aber meine Jugend war gar nicht besonders ausschweifend. Zumindest nicht in der Art und Weise, in der ich mir Ausschweifungen im alten Rom vorstellte. War es Ausschweifung, dass ich einmal eine Nachtklubtänzerin mit nach Hause genommen habe und wir beide nackt in meinem Wohnzimmer zu Sonny Rollins *I am an old cowhand* tanzten, bis sie mich am steifen Glied wie an einem Zügel ins Bett zerrte? Ich habe die Frau nie wiedergesehen, und meine Gesundheit hat unter dieser Ausschweifung definitiv nicht gelitten.

»Das mag so sein«, meinte Cato trocken. »Aber es geht um mehr. Ich habe nämlich niemals dem alten Sprichwort zugestimmt, das auffordert, frühzeitig ein Greis zu werden, wenn man es lange sein will. Ich würde es dagegen vorziehen, weniger lange ein Greis zu sein, statt vor seiner Zeit einer zu werden.«

Das war weise gesprochen, wahre Altersweisheit. Damit konnte ich etwas anfangen. Auch wenn das altehrwürdige Wort *Greis* bei uns ganz aus der

Mode gekommen ist. Es wird allenfalls noch mit abfälligem Unterton verwendet. Wann ist man ein Greis? Wenn man sich zu nichts mehr verpflichtet fühlt? Cato argumentierte anders, wenn ich ihn richtig verstanden hatte. Er plädierte für ein aktives Alter. Und dazu mochte es gehören, Greis zu sein. Ich fühlte mich nicht wie ein Greis, noch zumindest nicht. Aber ich konnte mir durchaus vorstellen, auch einmal Greis zu sein. Auch wenn der Gedanke schwerfällt angesichts des Jugendwahns, der unsere Zeit beherrscht und der pharmazeutischen Industrie einen gewaltigen Markt beschert. Nur das Jungsein zählt. Man muss ja nicht jedem gleich unter die Nase reiben, wie alt man wirklich ist. Und im Zweifelsfall hilft Botox.

»Wie war das denn bei euch?«, fragte ich. »Gab es auch diesen Wahn, dass alle jung sein, jung bleiben, wieder jung werden oder doch zumindest jung aussehen wollten?«

Cato überlegte.

»Nun, bei Abbildern und Statuen hat man schon etwas nachgeholfen. Da hat man faltige Gesichter gestrafft und die Muskeln ein wenig aufgepumpt. Das schon.«

»Bei uns gilt das auch für die lebendigen Menschen. Alte benehmen und kleiden sich wie Junge.

Und in der Werbung bieten dir nur junge, glänzend aussehende Menschen Produkte an, die du kaufen sollst, damit du so jung aussiehst wie sie.«

Cato sagte: »Auch bei uns gab es Salben, Wässerchen und stimulierende Kräuter, um das wahre Alter zu verdecken.« Nach einer rhetorischen Pause fügte er hinzu: »Halte ich für Unsinn. Schau mich an!«

GREISE

Mir fielen dann doch noch hochgeehrte und tief verehrte Greise unserer Zeit ein. Der ehemalige Bundeskanzler Helmut Schmidt gehört auf jeden Fall dazu. Cato ist mit seinem gebetsmühlenartig wiederholten Satz *Im Übrigen bin ich der Meinung, dass Karthago zerstört werden muss* in die Geschichtsbücher eingegangen; an Helmut Schmidt wird man sich noch lange wegen seiner mit vergleichbarer Beharrlichkeit vorgebrachten Klage über einen *raubtierhaften Finanzkapitalismus* erinnern. Er bekleidet, wie Cato, längst kein öffentliches Amt mehr, doch er spricht öffentlich. Und nicht der Senat, nicht das Parlament, nicht der Staat hören ihn, die Menschen hören ihn, und sie sind begeistert. Dreiundachtzig Prozent der Deutschen sagen, Helmut Schmidt verkörpere ein Deutschland, wie sie es sich wünschen. Auch der ehemalige Bundespräsident Richard von Weizsäcker meldet sich noch im hohen Alter immer wieder in wohlgesetzten, klugen Worten zu Fragen der Zeit zu Wort. Zum Beispiel hat er die abenteuerliche Kehrtwende einiger unserer Politiker in Sachen Energiepolitik kommentiert. Da kann einem schon das Wort des Appius Claudius Caecus in den Sinn kommen:

›Wohin hat euer Sinn sich im Wahn vom Wege gewendet, der doch zuvor gewöhnlich aufrecht und standhaft gewesen?‹«

Cato lächelte und nickte. Dann sagte er: »Im Alter gibt es keine Kraft, heißt es. Aber Kraft wird vom Alter nicht einmal verlangt. Folglich ist unser Lebensabschnitt auch aufgrund gesetzlicher Bestimmungen frei von Aufgaben, die ohne Kraft nicht zu erfüllen sind. Viele alte Menschen sind so schwach, dass sie keine Verpflichtung erfüllen können. Das ist kein besonderes Gebrechen des Alters, sondern ein allgemeines der gesundheitlichen Verfassung.«

Das war gut überlegt und kam mir vor wie eine weise Formel, mit der man dem hierzulande so viel diskutierten Projekt einer *Rente mit 67* kreativ beikommen könnte. Die starre Festlegung auf eine Zahl, also auf ein bestimmtes Alter, in dem alle aufhören sollen zu arbeiten, ist mit Sicherheit der falsche Weg. Jeder Mensch ist ein Individuum, jedes Arbeitsleben verläuft anders, jeder Arbeitsplatz erfordert einen spezifischen Einsatz. Ein Arbeiter in einem Bergwerk oder an einem Fließband muss anderen Anforderungen genügen als jemand, der in seinem Beruf vor allem liest, denkt, schreibt und redet. Kann eine Gesellschaft wirklich auf die Erfahrung ihrer Mitglieder verzichten, die in langen Arbeitsleben gesammelt wird und die die Jungen immer erst noch machen müssen?

Die wissenschaftliche Auswertung von Statistiken der internen Qualitätskontrolle eines großen Automobilwerks hat ergeben, dass die Annahme, ältere Arbeitnehmer seien weniger produktiv als jüngere, schlicht falsch ist. Die durchschnittliche Zahl von Fehlern geht vielmehr bis zum Alter von fünfundsechzig Jahren kontinuierlich zurück. Und vor allem nehmen die wirklich schlimmen Patzer in Teams mit einer höheren Anzahl älterer Arbeitnehmer deutlich ab.

Ich erzählte Cato, dass es bei uns inzwischen Firmen gibt, die ihre eigenen pensionierten Mitarbeiter als Berater einsetzen. Die Firma profitiert davon, und der beklagenswerte erste Punkt von Catos Checkliste wird elegant umschifft. So kann ein Unternehmen seine verdienten Mitarbeiter in Würde alt werden lassen. Und der Rentenkasse ist auch gedient.

»Eine solche Kasse gab es bei uns nicht«, bemerkte Cato. »Und körperliche Arbeiten erledigten Sklaven.«

Cato bat mich, Licht zu machen. Es wurde Abend. Die Sonne war hinter dem Piz Lugin verschwunden. Ich zündete Feuer im Kamin an. Wir saßen in unseren Ohrensesseln und blickten versonnen in die prasselnden Flammen, von denen eine angenehme Wärme ausging.

GESUNDHEIT

Cato blieb beim Thema Gesundheit im Alter. Er fand, Politiker sollten nicht nur gut gemeinte, aber meist wenig hilfreiche Anregungen geben, sondern die Alten wirklich fordern.

»Man muss gegen das Alter wie gegen eine Krankheit kämpfen. Man muss gesundheitliche Rücksicht nehmen und sich maßvollen Übungen unterziehen. Man sollte so viel essen und trinken, dass man seine Kräfte stärkt und nicht belastet.«

Das war wieder ein weiser Rat. Doch unsere Gesundheitsminister sind in der Regel vor allem mit den Kranken beschäftigt – wenn sie sich nicht gerade mit den Krankenkassen herumschlagen, von denen sich eine in der Eigenwerbung sogar schon *Gesundheitskasse* nennt. Will sie uns damit etwa wissen lassen, dass ihr Krankheit eigentlich lästig ist? In der Industrie gibt es die sogenannte vorbeugende Instandhaltung. Sie ist eine Voraussetzung für den reibungslosen Betrieb der bisweilen hochkomplexen Maschinen. Es geht darum, die Maschinen zu pflegen, während sie rund laufen, um zu verhindern, dass sie kaputtgehen und repariert werden müssen. Das System scheint für die Maschinen besser entwickelt zu sein als für die Menschen. Die Politik macht eine *vorbeugende Instandhaltung für den Menschen* nicht zum Thema. Warum eigentlich nicht? Mit ausgewogener Ernährung finge es an. Wie Cato es gesagt hatte.

Es gibt umfangreiche Studien zum Übergewicht. In den USA ist mehr als ein Drittel der Bevölkerung übergewichtig oder sogar fettleibig. Das Verteidigungsministerium befürchtet bereits, in absehbarer Zeit keine ausreichende Zahl gesunder Soldaten mehr zur Verfügung zu haben. Auch in Deutschland sind bereits über fünfzehn Prozent der Bevölkerung betroffen, Tendenz steigend. Das Problem sind die vielen Schnellrestaurants, die *Mcs* und *Kings*. Je kürzer der Weg eines Menschen zu einem solchen Imbiss ist, desto größer ist die Wahrscheinlichkeit, dass er fett wird. Man sieht sie immer häufiger, Menschen, die im Flugzeug zum Anschnallen einen verlängerten Gurt benötigen, in der Economy Class manchmal sogar einen zweiten Sitz. Ich erzählte Cato von dem Krankheitsbild, das auch ein gesellschaftliches Phänomen ist, und von einer Statistik, die besagt, dass übergewichtige Menschen im Durchschnitt weniger verdienen als Schlanke.

Cato war nicht besonders beeindruckt. Er meinte vielmehr, das habe es auch schon im alten Rom gegeben.

»Einem allzu feisten Mann nahmen wir einmal das Pferd weg, weil jemand mit einem solchen Körpergewicht für die Aufgaben des Ritterdienstes wenig tauglich ist. Ich rief ihm zu: ›Wie könnte ein solcher Leib dem Gemeinwesen nützlich sein, bei dem alles zwischen Schlund und Scham nur Bauch ist?‹«

Aber die Beleibtheit sei damals von manchen sogar als erstrebenswert erachtet worden. Und Cato zitierte Shakespeare, der Julius Caesar den Ausruf in den Mund gelegt hat: »Lasst dicke Männer um mich sein!«

»Wenn wir über Alter reden«, beharrte Cato, »dann gilt es nicht nur den Körper, sondern vielmehr den Geist und den Verstand zu unterstützen. Der Körper wird durch anstrengende Übungen erschöpft, der Geist aber dadurch gestärkt, dass man ihn übt. Du musst dir die Lust am Denken erhalten.«

Wieder hatte Cato recht. Seine Einsicht war inzwischen längst wissenschaftlich bestätigt. Arbeitet man geistig, wird zusätzliches Blut in den Kopf gepumpt, das stärkt und schützt auf Dauer die Blutgefäße. Es hilft also unmittelbar der Gesundheit, wenn wir ein Buch lesen. Ich hatte allerdings auch gelesen, Denken sei eine riesige Verschwendung von elektrochemischen Einzelvorgängen. Eine typische Ingenieurserklärung, die nicht viel weiterbringt.

Diese zugegebenermaßen ohnehin eher rudimentären medizinischen Kenntnisse interessierten Cato nicht besonders. Er sprach davon, wie man den Geist trainieren sollte. Er ereiferte sich regelrecht.

»Es gibt viele komische, dumme Alte, leichtgläubige, vergessliche, zerstreute Menschen, deren Schwächen nicht durch das Alter an sich bestimmt sind, sondern durch ein schlaffes, träges, schläfriges Alter.«

Das war vielleicht ein wenig bösartig formuliert, aber gewiss richtig beobachtet. Ich sah sie vor mir, die vielen schwerfälligen, trägen Alten, die greisen Toren, die bisweilen albern wirkenden Faulen. Ich sah sie um mich herum, und mit so manchem von ihnen hatte ich selbst zu tun. So träge, schlaff und schläfrig wollte ich nicht werden. Es kommt vor, dass ich mich sehr, sehr müde fühle. Dann sage ich zu mir selbst: *Unternimm etwas! Tu etwas für dich und für deinen Körper! Und erzähle nicht jedem, welches Zipperlein dich gerade plagt!*

Geriatrie heißt die Lehre von den Krankheiten alternder Menschen. Sie ist keine gute Beschäftigung für Alte. Die wahre Krankheit alternder Menschen ist doch das Altwerden selbst. Wöchentlich eine Stunde bei einem *Personal Trainer*, der einem sagt, wie man sich am besten bewegt, um die Muskeln nicht erschlaffen oder verhärten zu lassen. Ins Fitnessstudio zu gehen genügt womöglich schon, um nicht gesenkten Hauptes durch die Straßen zu schlurfen.

Das mit dem Fitnessstudio musste ich Cato erklären, ihm die einzelnen Apparate und Maschinen genau beschreiben. Er war fasziniert, aber auch amüsiert.

»Dafür hatten wir die Sklaven«, meinte er. »Die haben uns geholfen, in Form zu bleiben.«

Dann kam er auf die Rolle der Alten im Haushalt zu sprechen. Er erzählte von Appius. Der hatte vier kräftige Söhne, fünf Töchter und ein großes Hauswesen, zu dem zahlreiche Schutzbefohlene gehörten. Cato erzählte, wie Appius es verstand, seine Autorität zu behaupten und die Befehlsgewalt über die ihm Anvertrauten zu bewahren. Die Sklaven fürchteten ihn, die Kinder respektierten ihn, alle liebten sie ihn. Im Haus des Appius herrschte die Zucht des Vaters.

Die Schilderung war eindrücklich. Das Konstrukt leuchtete mir irgendwie ein, aber der autoritäre Gestus war mir fremd. Das Hauswesen, dem ich als Ältester vorstehe, sieht anders aus. Meine Kinder sind ins Ausland gezogen und haben ihre eigenen Haushalte begründet. Wenn wir zu besonderen Anlässen alle zusammenkommen, werden meine Einlassungen eher belustigt, manchmal auch ein wenig mitleidig zur Kenntnis genommen. Allenfalls in finanziellen Fragen hört man etwas genauer hin. Die Kinder respektieren mich, und ich kann mir ihrer Liebe sicher sein. Aber Zucht?

FRAUEN

Es war an mir, ein neues Thema aufzubringen.

»Von Frauen war in dem Gespräch mit deinen beiden jungen Freunden, von dem Cicero berichtet, nicht die Rede. Haben Frauen in eurer Zeit keine Rolle gespielt?«

»Nein«, war die kurze Antwort. Aber Cato überlegte und fügte dann immerhin noch hinzu: »Politisch. Und Kriege haben sie auch nicht geführt. Sie waren für Heim, Haus und Herd zuständig. Das war Aufgabe genug. Und da konnten wir uns auf die Frauen verlassen. Meistens zumindest.«

Das wollte ich nicht unkommentiert stehen lassen.

»In dieser Hinsicht hat sich doch viel geändert. Auch wenn es immer noch konservative Männer gibt, die der Meinung sind, nur Haus und Familie seien Sache der Frauen. Aber die Gesellschaft ist da längst viel weiter. Ich habe immer nach Frauen Ausschau gehalten, wenn wichtige Positionen zu besetzen waren. Und ich habe gute Erfahrungen gemacht. Ich habe beobachtet, dass Frauen flexibler im Denken sind. Männer agieren vernünftiger, wenn sie mit Frauen zusammenarbeiten, außerdem bleibt die Sprache dann sachlicher. Ich gehe so weit zu behaupten, dass

Frauen in der Regel umsichtiger handeln als Männer. Es ist wichtig für eine Gesellschaft, dass die Frauen emanzipiert sind.«

»Emanzipiert?«, fragte Cato verwundert nach. »Den Begriff *emancipatio* haben wir verwendet, wenn wir einen Sohn aus der Gewalt des Vaters *(patria potestas)* entlassen haben.«

»Bei uns war und ist die Emanzipation eine Bewegung der Frauen und für die Frauen. Die Frauen haben sich viel erkämpft.«

»Du sprichst von Kampf?«

»Ja, da wird schon auch gekämpft. Manche fordern sogar eine Frauenquote in Unternehmen, Ämtern und Parteien. Das soll Gesetz werden. Ein österreichischer Abgeordneter hat kürzlich vom *Genderwahn* gesprochen und gefragt, ob jetzt alles *gegendert* werden solle. Man hat ihn zur Ordnung gerufen.«

Ich dachte an das Unternehmen, dessen Aufsichtsratsvorsitzender ich immer noch bin, und fragte mich naturgemäß, was eine solche Unterscheidung von biologischem und sozialem Geschlecht bringen soll. Der Vorstand bestand aus zwei Männern. Wie sollte ich da eine Frauenquote berücksichtigen? Hätte ich einen der beiden entlassen und durch eine Frau ersetzen sollen? Dann hätte der, den ich entlassen hätte, wegen Diskriminierung geklagt. Oder sollten wir einen dritten Vorstand, also eine Vorständin, einstellen? Aber die wurde gar nicht gebraucht und hätte viel Geld gekostet. Darauf angesprochen, verwies die zuständige Ministerin darauf, dass ich ja noch sieben Jahre Zeit hätte mit der Verwirklichung des Quotenziels. Ich sollte mich also auf den Weg machen. Der Weg ist ja das Ziel.

»Das klingt fast nach einer Revolution«, fand Cato. »Aber ich muss dann doch zugeben, auch bei uns waren die Frauen nicht ganz so passiv, wie es in dem, was ich gerade gesagt habe, vielleicht geklungen haben mag. Es hat sogar einmal einen regelrechten Aufstand der Frauen gegeben. Das war, als der Punische Krieg tobte. Der Staat benötigte dringend Geld. Da wurde ein Gesetz erlassen, nach dem keine Frau mehr als eine halbe Unze Gold besitzen sollte. Was darüberging, war an den Staat abzugeben. Das war das sogenannte Oppische Gesetz. Als die Verhältnisse sich beruhigt hatten und es dem Staat wieder besser ging, wollten die Frauen ihr Gold zurück, und sie forderten die Aufhebung des Oppischen Gesetzes. Darüber entbrannte Streit. Das Kapitol füllte sich mit Menschen. Die einen stritten für das Gesetz, die anderen dagegen. Die Frauen ließen sich durch keine Autorität in den Häusern halten. Sie belagerten Straßen in der ganzen Stadt, auch alle Zugänge zum Forum. Sie forderten, jetzt, da die Finanzen des Staates saniert waren und die Privatvermögen wieder wuchsen, das ihnen zustehende Vermögen zurück. Sie wagten es sogar, mit ihrer Bitte an die Konsuln und Prätoren heranzutreten. Ich war strikt gegen die Aufhebung des Oppischen Gesetzes. Ich hielt eine Rede, ein flammendes Plädoyer gegen die Aufhebung. Keine Sorge, ich werde sie jetzt nicht im Ganzen wiedergeben. Aber es war eine große Rede. Ich fing an:

›Mitbürger, wenn jeder von uns es verstanden hätte, bei seiner eigenen Frau das Recht und die Würde des Mannes zu behaupten, hätten wir jetzt mit allen Frauen zusammen weniger Last. Jetzt wird unsere Entscheidungsfreiheit, um die es zu Hause durch die Herrschsucht der Frau geschehen ist, auch hier auf dem Forum zermalmt und mit Füßen getreten.‹

Ich wies auf die Gefahr hin, die drohe, wenn man all die Zusammenkünfte und Versammlungen zulasse. Und ich sagte:

›Was ist das für eine Sitte, aus dem Haus zu laufen, die Straßen zu belagern und fremde Männer anzusprechen! Konntet ihr nicht jede zu Hause die eigenen Männer um genau das Gleiche bitten?‹

Ich sagte, unsere Vorfahren hätten gewollt, dass

die Frauen kein Rechtsgeschäft, nicht einmal ein privates, ohne Genehmigung des Vormundes abschließen und unter der Vormundschaft ihrer Väter, Brüder und Männer stehen. Ich berief mich auf die Geschichte. Ich rief den Leuten zu:

›Oft habt ihr gehört, dass ich über den Aufwand der Frauen, oft, dass ich über den der Männer nicht nur im Privatleben, sondern auch im Amt Klage geführt habe und dass der Staat an zwei entgegengesetzten Lastern, der Habgier und der Verschwendungssucht, leidet, Seuchen, an denen noch alle großen Reiche zugrunde gegangen sind. Wollt ihr diesen Streit von euren Frauen Besitz ergreifen lassen, Mitbürger, dass die reichen das haben wollen, was keine andere haben kann, und dass die armen, um nicht gerade deswegen verachtet zu werden, sich über ihre Kräfte anstrengen?‹

Und ich schloss folgendermaßen:

›Ich bin dafür, das Oppische Gesetz auf keinen Fall aufzuheben. Was ihr tut, so möchte ich, dass alle Götter ihren Segen dazu geben.‹

Selbst diejenigen, die für die Abschaffung des Gesetzes waren, mussten anerkennen, dass es eine gute Rede war. Aber dann trat Lucius Valerius auf, in jenem Jahr Volkstribun. Er ergriff das Wort für die Sache der Frauen. Er hob hervor, was diese in schlimmen Zeiten für den Staat getan hätten. Selbst Sklaven habe man besser behandelt als sie, behauptete er. Warum sollten wir sie nicht an den Früchten des Friedens teilhaben lassen, fragte er. Es war eine hinterhältige Rede. Dann kam der letzte Satz:

›Dieses schwache Geschlecht muss doch alles hinnehmen, was ihr über es beschließt. Je stärker ihr seid, desto maßvoller müsst ihr eure Macht ausüben.‹

Was hätte ich da noch sagen sollen? Das war nicht schlecht. Das hätte von mir sein können. Am folgenden Tag strömten die Frauen noch zahlreicher in die Straßen. Sie belagerten sogar die Räume der Senatoren, die gegen die Aufhebung des Gesetzes waren. Und sie erreichten am Ende ihr Ziel. Das Gesetz wurde aufgehoben. Ich war verstimmt und zog wenig später mit fünfundzwanzig Kriegsschiffen Richtung Spanien.«

Sollte der weise Cato etwa aus Frustration darüber, dass er mit seiner Position dem starken Willen der Frauen Roms unterlegen war, in den Krieg gezogen sein? Ich versuchte, ihm anhand eines Beispiels zu verdeutlichen, wie sehr sich die Rolle der Frau verändert hatte, bei uns zumindest.

»Unser oberster Staatslenker, also das, was bei euch in späteren Zeiten der Kaiser war, ist eine Frau.«

Cato war offensichtlich zum ersten Mal wirklich überrascht und saß ganz aufrecht in seinem Ohrensessel.

»Eine Frau? Hat sie Kriege geführt?«

»Nicht im Feld und nicht auf die Art und Weise, in der ihr damals gegen Feinde gezogen seid. Und schon gar keine Eroberungsfeldzüge. Sie wird in Kriege verwickelt, dann aber stets im Verbund mit befreundeten Staaten und im Interesse eines Ziels. Wir selbst haben keine äußeren Feinde, und wir wollen nicht erobern ...«

»Und was ist mit den Märkten?«, fragte Cato listig.

»Die schon, das stimmt. Aber das machen wir von der Wirtschaft. Unsere Staatslenkerin unterstützt uns manchmal, wenn sie mit anderen, wie soll ich sagen, *Kaisern* spricht.«

»Aber warum haben die Männer denn zugelassen, dass eine Frau Chef ...«

»Chefin«, korrigierte ich.

»... Chefin wurde? Hat sich da keiner angeschlichen, den Dolch im Gewande?«

»Doch, aber sie ist äußerst vorsichtig und geschickt. Sie hält ihre Konkurrenten klein, indem sie sie so lange links liegen lässt, bis sie aufgeben und von ihren Ämtern zurücktreten. Meist gehen sie dann in die Wirtschaft, wo sie übrigens viel mehr Geld verdienen.«

»Dann ist sie also mutig?«

»Zumindest war sie es einmal. Da hat sie in einem Zeitungsartikel den Rücktritt des damaligen Ehrenvorsitzenden ihrer Partei, der vormals lange Regierungschef gewesen war, gefordert. Von diesem Mut ist leider nicht viel übrig geblieben.«

»Solche Kaiser hatten wir auch«, murmelte Cato. »Kann sie Reden halten?«, wollte er noch wissen. »Überzeugende Reden, meine ich.«

»Nun ja, die Rhetorik, überhaupt die Sprache unserer Politiker ist generell etwas hohl geworden, eher technokratisch. Da fehlt die Fantasie. Womöglich ist es ja nicht nur die Sprache, vielleicht ist auch das Denken schlichter als in früheren Zeiten. Und vielleicht haben sich die Politiker zu weit von dem Volk entfernt, das sie regieren sollen. Manche sprechen in ihren Reden von den *Menschen* oder den *Menschen draußen im Lande*, als handelte es sich um Wesen einer anderen Spezies.«

»Das klingt nach einer Art Geistesverwirrung«, warf Cato ein.

»Ja, das kann man so sehen«, bestätigte ich. »Aber es gibt da noch etwas anderes, einen Umstand, dem sich nicht nur Politiker stellen müssen, sondern alle, die in der Öffentlichkeit gehört werden wollen. Um möglichst viele zu erreichen, werden Reden über Medien verbreitet, über Zeitungen und über den Rundfunk, vor allem aber über das Fernsehen. Da kann jedermann bei sich zu Hause Bilder und Worte sehen und hören, die zur gleichen oder auch zu einer anderen Zeit an einem anderen Ort aufgezeichnet werden oder worden sind. So werden natürlich sehr viel mehr Menschen erreicht, als das zu eurer Zeit überhaupt möglich war. Allerdings bekommt man selten mehr als dreißig Sekunden Zeit zugestanden, um seine Botschaft zu vermitteln, unabhängig davon, wie kompliziert ein Sachverhalt ist.«

Ich überlegte, ob ich Cato von den vielen Talkshows im Fernsehen erzählen solle, davon, dass es da oft ziemlich chaotisch zugehe, dass aber zumindest die Teilnehmer es in der Regel spannend fänden, auch wenn selten etwas wirklich Bedeutendes gesagt wird, schon deshalb nicht, weil man sich gegenseitig nicht ausreden lässt, und dass ein bekannter Politiker bemerkt habe, die Talkshow könne womöglich einmal das Parlament ablösen. Aber ich verzichtete dann doch darauf.

Cato fand die Sache mit der Begrenzung der Redezeit skandalös. Er schüttelte den Kopf.

»Das war bei uns ganz anders. Jeder Senator

konnte so lange sprechen, wie er wollte. Ich war immer für eine einfache Sprache und habe gesagt: Am Inhalt deiner Rede halte fest, dann werden die Worte schon folgen. Besinne dich auf die einfache, schlichte Rede, das ist der *sermo humilis*. Vermeide den *sermo sublimis*, die sublime, komplizierte Rede!«

»Ich weiß«, sagte ich. »Aber es kommt doch auch auf den Inhalt an. Und der sollte nicht allzu simpel sein, oder?«

Cato war einverstanden, wollte aber noch einmal zum Thema Frauen zurückkehren.

»Wir hatten ja unsere Vestalinnen. Das waren die Priesterinnen der Göttin Vesta. Die durften bei Wagenrennen sogar in der ersten Reihe sitzen. Kann es sein, dass eure Staatslenkerin auch so etwas wie eine Priesterin ist?«

»Nicht direkt.« Ich musste schmunzeln. »Aber sie stammt aus einer Priesterfamilie.«

Ich wusste, dass die Göttin Vesta auch für den Haushalt zuständig war. Und das war ja nun nicht die besondere Stärke unserer Kanzlerin.

Cato blieb beim Thema und fragte: »Ist sie attraktiv?«

»Das fragst du doch jetzt nur, weil sie eine Frau ist. Wäre sie ein Mann, würdest du nicht danach fragen, oder? Dabei waren eure Kaiser ja nun nicht alle mit überirdischer Schönheit gesegnet, wenn man den überlieferten Abbildungen und Büsten Glauben schenken darf. Übrigens«, ich wollte das Thema wechseln und ein bisschen mit meinem Wissen glänzen, »einer eurer Kaiser, Caesar, war ja mit einer Königin verbandelt.«

»Ein Fehltritt«, rief Cato aus, »unverzeihlich!«

»Aber die Dame scheint ziemlich clever gewesen zu sein. Mit Caesars Nachfolger Marcus Antonius, ihrem späteren Geliebten, hat sie gewettet, sie könne zehn Millionen Sesterzien in einem einzigen Mahl verspeisen. Sie hat die Wette gewonnen, indem sie die teuerste Perle der Welt in einem Glas Essig auflöste und das Gebräu genüsslich trank.«

Cato schüttelte den Kopf.

»Das glaubst du ja wohl selbst nicht. Das sind also die Geschichten, die ihr euch noch über uns erzählt.«

Er schien verärgert.

»Das haben wir uns nicht ausgedacht. Das hat vielmehr euer hochgelehrter Plinius aufgeschrieben. Und jetzt hat eine amerikanische Archäologin in einem Test nachgewiesen, dass das durchaus möglich ist.«

»Wir haben viel über die Frauen gesprochen«, befand Cato unwirsch.

Ich fand das nicht, aber er beharrte.

»Lass uns zum dritten Punkt meiner Liste kommen, zu der Behauptung, das Alter entbehre der Freuden der Lust.«

LUST

Cato wurde pathetisch.

»Welch herrliches Geschenk des Lebens, wenn es uns wirklich das nimmt, was in der Jugend die schlimmste Quelle des Lasters ist! Vernehmt doch, mein junger Freund, was Archytas von Tarent sagte: Die Menschen haben von der Natur keine verheerendere Pest bekommen als die Lust.«

»Du meinst die körperliche Lust, das sexuelle Verlangen?«, fragte ich nach.

»Ja, die meine ich. Im gierigen Verlangen nach körperlicher Lust sind die Menschen blind und hemmungslos auf Genuss fixiert.«

»Aber«, fragte ich, »hast du beim Zeugen deiner Kinder keine Lust empfunden?«

Cato sagte nichts, lächelte schmal und trank einen Schluck Wein. Es dauerte, bis er weitersprach.

»Das war der Fortpflanzung geschuldet.«

»Du erinnerst mich an den Zensor Metellus Macedonicus, der vor dem Senat einmal gesagt hat: ›Wenn wir ohne Ehefrauen leben könnten, würden wir alle gern auf diese Plage verzichten. Da es aber die Natur so eingerichtet hat, dass man weder *mit* ihnen recht behaglich noch *ohne* sie überhaupt leben kann, so muss man eben mehr auf die Dauer des Gemeinwohls als auf kurze Lust bedacht sein.‹«

So weit würden unsere Familienpolitiker öffentlich nicht gehen. Aber dass mehr Kinder geboren werden, das wünschen sie sich schon. Ich hakte nach:

»Du hast zweimal geheiratet, die junge Salonia sogar noch in hohem Alter. Sie war eine freigelassene Sklavin.«

»Ja, die Tochter meines Sekretärs. Der war ein gebildeter Sklave. Davon gab es nicht wenige. Viele unserer Ärzte zum Beispiel waren Sklaven. Nun ja, und die Heirat mit Salonia – ich hatte eben das Bedürfnis nach einem wärmenden Körper.«

»Keine Lust?«

»Was heißt hier Lust? Wenn ich von Lust spreche und von dem, was die Lust hervorbringen kann, dann denke ich an all jenes, was durch das Verlangen nach der Lust befördert werden kann: politische Zerrüttung, kleinliche Absprache mit dem Feind, Vaterlandsverrat.«

Er sprach von Schlachten, die verloren gingen, weil Feldherren derart von körperlicher Lust erfüllt waren, dass sie nicht mehr vernünftig zu handeln imstande waren.

»Einmal musste ich sogar einen Konsul entlassen,

einen gewissen Lucius Quinctius Flamininus. Der hatte eine übel beleumundete Frau, die er begehrte, zu einem Gelage geladen. Dabei hat er vor der Hure geprahlt, wie unerbittlich er zu verfahren pflegte und wie viele zum Tode Verurteilte im Gefängnis darauf warteten, mit dem Liktorenbeil enthauptet zu werden. Da sagte die Hure, zu Tisch neben ihm liegend, sie habe noch nie zusehen dürfen, wie jemand enthauptet wurde. Der Frau zu Gefallen ließ Flamininus einen der Delinquenten herbeischleppen und schlug ihm eigenhändig mit dem Beil den Kopf ab. Und das beim Wein und beim Mahl, wo es doch Brauch ist, den Göttern ihren Anteil zu spenden und den Gästen Gutes zu wünschen. Was für eine Schandtat! Nur aus Lust.«

Cato schloss die Augen. Als er sie wieder öffnete, erwähnte er, kaum weniger angewidert, einen gewissen Mann aus Athen, der mit dem Anspruch eines Weisen aufgetreten sei und behauptet habe, alle unsere Taten seien nach dem Maßstab der Lust zu bemessen, sie sei Ursache allen Antriebs.

Offenbar meinte er Epikur, den Philosophen des menschlichen Glücks, der tatsächlich lehrte, die Lust sei das höchste Gut. Aber er hat wohl weniger die sexuelle Befriedigung gemeint als vielmehr die Seelenruhe, was ja nicht dasselbe sein muss.

Ich hatte das Bedürfnis, Cato ein wenig zu provozieren.

»Und gab es bei euch nicht die sogenannten Buhlknaben, die bei Zechgelagen hochgestellter Persönlichkeiten, von Wein und sexueller Begierde von Sinnen, allerlei Lasterhaftes trieben?«

»Das habe ich in einer großen Rede gebrandmarkt und Konsequenzen gefordert«, wehrte er ab. »Wir müssen dem Alter dankbar sein, dass es uns dazu bringt, keine Lust auf das zu haben, was wir nicht tun dürfen. Lust behindert die Überlegung, sie ist die Feindin der Vernunft. Sie blendet den Geist und verträgt sich nicht mit der Tugend.«

GLÜCKLICHE UMSTÄNDE

»Ich bin selbst froh«, sagte ich, »dass die Folgen größerer Triebattacken bei mir stets durch Umstände abgewehrt worden sind, die ich rückblickend als glückliche bezeichnen darf.«

»Danke den Göttern!«, rief Cato aus. »Sie haben nicht gewollt, dass du ein Leben lang daran tragen musstest.«

Da hatte er allerdings recht. Und jetzt im Alter ist die Gefahr nicht mehr so sehr groß, zumindest was die Praxis anbelangt. In der Theorie, also in der Fantasie, da gibt es schon noch diese Erregung. Wenn ich einen Roman von Philip Roth lese zum Beispiel oder von Catherine Millet, und wenn meine Träume danach von dem stimuliert sind, was ich gelesen habe. Oder wenn unsere attraktive Nachbarin vor meinen Augen zum Kirschenpflücken auf die Leiter steigt und ich ihren wohlgeformten Hintern in der Stretchhose über mir in Bewegung sehe. Ja, es gibt sie noch, die Momente, in denen sich die Lust regt und dann die Fantasie in Gang setzt. Und wenn es tatsächlich dazu käme? Was, wenn aus der Fantasie Wirklichkeit würde? Nicht auszudenken. Der Nachbar könnte mich aus Eifersucht umbringen. Meine Frau würde mich womöglich verlassen. Die Kinder würden sich von dem alten Lustgreis abwenden und nichts mehr mit mir zu tun haben wollen. Ich wäre ganz allein, von allen verlassen.

Ich sollte weniger aufregende Bücher lesen.

»Lieber Freund«, redete Cato mir gut zu. »Wenn man der Lust etwas zubilligen muss, weil man ihren Lockungen nicht leicht widersteht, ist doch zu bedenken: Das Alter will zwar keine unmäßigen Festmähler, an bescheidenen Gastmählern kann es sich aber doch erfreuen.«

Wohl wahr. Dem war nicht viel hinzuzufügen. Außerdem war es an der Zeit, etwas zu essen. Ich stand auf, forderte meinen Gast auf, es mir gleichzutun, und geleitete ihn zu Tisch. Unsere Haushaltshilfe, eine junge Italienerin mit Namen Rosalia, ja, auch sie ist ausgesprochen hübsch, hatte ein köstliches Mahl vorbereitet: Bündner Gerstensuppe, dann Lammkeule mit Rösti, zum Abschluss Sorbet mit Wodka. Dazu tranken wir einen Malanser Rotwein. Ich ersetzte die Keramikbecher durch geschliffene Gläser. Cato war begeistert von dem roten Wein aus der Region. Er geriet regelrecht ins Schwärmen. Dann erzählte er von Gastmählern und Tischgesellschaften im alten Rom.

»Es gab nicht nur vorzügliche Speisen und köstliche Getränke, es war auch Brauch, dass die Teilnehmer einer nach dem anderen unter Flötenbegleitung Lob und Preis berühmter Männer sangen.«

Ich versuchte, mir vorzustellen, wie die Vorstandsvorsitzenden ihre letzte Quartalsbilanz, von Flöten begleitet, lobpriesen. Ich musste lachen.

»Wart ihr denn dabei auch festlich gekleidet?«, fragte ich nach.

Cato erwiderte trocken:

»Es war Brauch, sich in der Öffentlichkeit anständig zu kleiden, zu Hause nur eben ausreichend. Und wir waren zu Hause.«

GERMANIENS HAUPTSTADT

Cato wechselte abrupt das Thema. Er wollte wissen, was mich in diese Gegend verschlagen hatte, in die einsame Gebirgslandschaft von Sils-Maria.

Ich erklärte ihm, dass ich eigentlich in Deutschland wohnte. Als er mich fragend ansah, sagte ich *Germanien*. Da nickte er.

»Ich wohne in Germaniens Hauptstadt. Dort sitzen Regierung und Parlament, also das, was bei euch Magistrate und Senat waren, wenn du so willst. Es gibt die großen Regierungsgebäude, aber auch angenehme Wohngegenden und sehr lebendige Stadtviertel, nicht nur im Zentrum. Lustig geht es zu in dieser großen Stadt. Es gibt viele Theater, es gibt Musik, es gibt Wein, Weib, Gesang. Da wird die Nacht zum Tag gemacht. Die Menschen strömen aus der ganzen Welt dorthin, um sich zu amüsieren. Und«, fügte ich hinzu, »manche kommen auch der Lust wegen.«

»Aber«, Cato war sehr ernst, »deswegen begehen sie noch nicht Verrat am Vaterland wie dieser Flamininus.«

Ich überlegte.

»Doch«, sagte ich dann, »das hat es auch schon

gegeben. Es gab da eine Zeit, da war die Stadt durch eine Mauer geteilt.«

»Eine Mauer?«, fragte er ungläubig. »Mitten in der Stadt?«

»Ja«, antwortete ich. »Wir können uns das heute selbst kaum noch richtig vorstellen. Die Mauer hat die Stadt in zwei Hälften geteilt, die jeweils ganz unterschiedlichen, sogar feindlicher politischen Systemen angehörten. Das war eine sehr merkwürdige, ja eigentlich eine groteske Situation. Sie hielt sich aber über Jahrzehnte. Aus dieser Zeit gibt es viele Geschichten. Auch solche, die davon handeln, wie die eine Seite aufreizende Damen auf Herren von der anderen Seite ansetzte, auf dass sie ihnen politische oder auch wirtschaftliche Geheimnisse entlockten.«

Cato schüttelte ungläubig den Kopf.

»Aber die Zeiten sind, wie gesagt, vorbei. Die Mauer steht nicht mehr, und es gibt in dem Land auch nicht mehr zwei verschiedene politische Systeme, worüber alle, na ja, die meisten zumindest, sehr glücklich sind. Da fällt ein solches Vorgehen ja weg.«

»Aber eine Stadt der Tugend ist es doch wohl deshalb noch nicht«, mutmaßte Cato.

»Nein, wohl nicht«, bestätigte ich. »Da ist vieles möglich in dieser Stadt. Und wenn man sich so umsieht – nun ja, die meisten Bewohner sind leger bis schlampig gekleidet. Etikette zählt da nicht viel. Sogar ins Theater gehen sie in kurzen Hosen. Die Stadt ist *arm, aber sexy.*

Die Formulierung ließ Cato aufhorchen.

»Das ist ein Zitat«, sagte ich. »Das hat der Regierende Bürgermeister gesagt. Das ist so etwas wie der Konsul unserer Stadt.«

»Was meint er denn, wenn er das sagt?«, fragte Cato.

Das wollte ich nicht kommentieren. Noch einmal fragte er nach, warum ich in die Gegend gekommen war, in die ich ihn eingeladen hatte. Wie ich zu diesem Haus gekommen sei, ganz in der Nähe des Sees, an dem der berühmte Philosoph Friedrich Nietzsche Zarathustra getroffen habe.

»Du kennst Nietzsche? Und Zarathustra?« Ich war überrascht.

Da legte Cato den Löffel beiseite, er hatte gerade den letzten Bissen Sorbet gegessen, und deklamierte:

»Hier sass ich, wartend, wartend, –
    doch auf nichts,
Jenseits von Gut und Böse, bald des
    Lichts
Geniessend, bald des Schattens,
    ganz nur Spiel,

GANZ SEE, GANZ MITTAG, GANZ ZEIT
OHNE ZIEL.
DA, PLÖTZLICH, FREUNDIN! WURDE
EINS ZU ZWEI —
— UND ZARATHUSTRA GING AN MIR
VORBEI ...«

Nietzsche in Sils-Maria. Hier kam dem Philosophen der Gedanke der ewigen Wiederkehr, als er am See von Silvaplana durch die Wälder ging. Er erwähnt in der Beschreibung einen auffälligen, mächtigen Steinblock. Auch ich hatte schon an diesem Stein gesessen. Es war ein besonderer, fast schon ein geweihter Ort.

Ich fragte Cato: »Du kennst Zarathustra?«

Cato sah nachdenklich aus. Er schaute aus dem Fenster. Sein Blick verlor sich in der Ferne.

»Der hat lange vor mir gelebt«, sagte er.

Und er erzählte, was ihm zu Zarathustra einfiel. Dass die alten Griechen ihn als Weisen verehrt hätten. Dass ihm, dem Römer, Zarathustras Lehren aber viel zu verweichlicht seien, so wie die Griechen halt waren. Zucht und Ordnung seien da viel zu gering geachtet worden. Er wisse auch, wer dieser Nietzsche sei. Mit einigem von dem, was der gesagt habe, könne er durchaus etwas anfangen. Und zu meinem großen Erstaunen zitierte der alte Cato Friedrich Nietzsche:

»›Gib mir, Weib, deine kleine Wahrheit!‹, sagte ich. Und also sprach das alte Weiblein:

›Du gehst zu Frauen? Vergiss die Peitsche nicht!‹«

Ich wusste zu wenig über Nietzsche, als dass ich mich getraut hätte, mich mit Cato auf eine Diskussion über diese Aussage einzulassen. Also begann ich, von mir zu erzählen.

WANDERN

»Du wolltest wissen, warum ich gerade hier im Engadin ein Haus habe. Nun, im Sommer mache ich gern lange Wanderungen durch diese Gegend. Ich wandere gern allein auf Bergwegen in halber Höhe. Es sind Wege, die man nur zu Fuß benutzen kann, und rundherum nichts als Berge. Ich mag die Berge. Sie sind so mächtig. Noch mächtiger wirken sie, wenn kein Schnee liegt. Dann sind da nur diese großen Felder und Geröllflächen. Und die Baumgrenze ist dann noch deutlicher zu erkennen. Diese Landschaft hier mit ihren hohen Bergen, tiefen Tälern und grünen Seen beruhigt mich. Das ist pure Beständigkeit. Das führt mir immer wieder vor Augen, dass ›alles Vergängliche nur ein Gleichnis ist‹.«

»Wer sagt das?«

»Faust.«

»Aha«, machte Cato. Ich hatte nicht den Eindruck, dass er wusste, wer Faust war. Aber er fragte auch nicht nach. Stattdessen meinte er nach einer kurzen Pause:

»Ich kann dich gut verstehen. Über dieselben Berge sind unsere Soldaten gezogen, um nach versprengten Truppen des Hannibal zu suchen. Der Piz

Lugin sah vor zweitausend Jahren nicht anders aus als heute.«

»Wir haben nur einen anderen Blick auf ihn, wenn wir vom Flugzeug aus hinunterschauen. Aber selbst das ändert nichts daran, dass die Berge gegen Abend, wenn die Sonne nicht mehr scheint, bedrohlich auf mich wirken, fast unheimlich. Es ist still hier im Engadin, wenn es dunkel wird. Manchmal verhüllen Wolken die Gipfel der Berge. Dann stelle ich mir vor, dass in diesen Wolken die Götter leben. Sie können uns durch den Wolkennebel hindurch sehen, wir sie nicht.«

Cato ließ das nicht gelten. Für ihn waren die Götter überall, nicht nur irgendwo oben hinter Wolken. Sie waren da, mitten im Leben, und sie bestimmten die Geschicke der Menschen. Aber für Cato war die Bemerkung über die Götter ein Stichwort. Er wollte wissen, was es mit diesem einen Gott auf sich habe, an den ich glaubte. Ob der denn auch überall sei.

Da musste ich erst einmal nachdenken. Das war keine ganz einfache Frage.

»Eigentlich schon, ja«, sagte ich schließlich.

»Und ist dieser Gott ein guter Gott?«, fragte Cato.

Ich musste wieder überlegen.

»Im Prinzip schon, ja, ein gütiger Gott zumindest. Aber es wird immer wieder gefragt, ob unser Gott nicht doch auch böse ist.«

»Das haben wir anders gelöst. Bei uns gibt es die guten Götter und die bösen Götter. Wir haben immer eine Alternative.«

»Bei uns werden Entscheidungen neuerdings immer öfter als *alternativlos* bezeichnet. Das sagen die Leute, wenn sie sich festgelegt haben und ihren Standpunkt nicht noch einmal überdenken wollen. Das ist eigentlich nicht besonders intelligent. Es gibt immer eine Alternative.«

»Das stimmt«, fand Cato auch. Nach einer kleinen Pause forderte er mich auf: »Erzähl mehr vom Wandern.«

Der Aufforderung folgte ich gern.

»Wenn ich so mühsam bergauf gehe, die Angst zu stürzen begleitet mich immer dabei, dann denke ich darüber nach, wie ich mein Leben, wie ich es bisher gelebt habe, so erzählen könnte, dass es auch für Menschen interessant wäre, die sich für mich nicht besonders interessieren. Vielleicht gibt es ja Menschen, die wissen wollen, wie das so ist, wenn ein bekannter Mann alt wird. Wie mit dem Alter auch die Einsamkeit kommt. Dass es Tage gibt, an denen er mit niemandem spricht, höchstens vielleicht am Telefon. Es hat immer mit dem Alter zu tun, wenn ich hierherkomme und nachdenke. Hier begegne ich dem Alter. Und darum wollte ich dir gerade hier begegnen.«

Cato lächelte gütig.

»Auf meinen einsamen Wanderungen die Berge hinauf begegne ich manchmal Kühen, die von den Bauern auf die höher gelegenen Weiden geführt worden sind. Wenn ich einen Stier sehe, bekomme ich es mit der Angst zu tun, dass mich so ein *Muni*, so nennen sie hier die Stiere, anfällt. In der Zeitung habe ich gelesen, dass so ein *Muni* einen Achtzigjährigen so schwer verletzt hat, dass der im Krankenhaus gestorben ist. Der Bauer, dem der Stier gehörte, wurde vor Gericht gestellt und verurteilt, weil er das Gelände nicht vorschriftsmäßig eingezäunt hatte.«

»Du solltest auf deinen Wanderungen besser ein Schwert mitnehmen«, bemerkte Cato.

»Das würde mich beim Wandern doch sehr behindern«, antwortete ich und schmunzelte. Ich musste an meinen zehnjährigen Enkel denken, der diese Vorstellung sicher großartig gefunden hätte. Er weiß aus *Der Herr der Ringe*, wie man mit einem Schwert umgeht.

Es war das erste Mal, dass Cato so etwas wie Humor zeigte. Als ich ihm zu Beginn unseres Gesprächs meine Theorie dargelegt hatte, wie ich die Menschen zum Lachen brachte, war er still geblieben und hatte nicht mit der Wimper gezuckt. Er schien alles, was ich sagte, ausgesprochen ernst zu nehmen. Vielleicht wird man so ernst, wenn man einmal Zensor war. Oder die Menschen hatten bei den Verhältnissen, die im alten Rom herrschten, einfach nicht so viel zu lachen. Auch Ironie war ihm offenbar fremd. Das allerdings schien auch in Rom nicht für alle zu gelten. Caesar etwa hat einmal von sich gesagt: »Ich regiere unzählige Menschen, muss aber anerkennen, dass ich von Vögeln und Donnerschlägen regiert werde.«

Für Cato schien Ironie nicht zu der staatstragenden Würde seines Amtes zu passen. So ist das ja auch bei unseren Politikern. Nur Intellektuelle, dachte ich, flüchten sich in die Ironie, wenn die Dinge dramatisch werden. Ich beendete meine gedankliche Abschweifung und setzte meine Erzählung vom Wandern fort.

»Ich komme schon seit vielen Jahren ins Engadin. Ich komme hierher, um zu wandern, um mich an der Welt der hohen Bergen zu erfreuen, um die hiesige Küche zu genießen, die ist wirklich ganz hervorragend, und um mich der Familie zu widmen, also, der großen Familie, einschließlich der Enkel. *Urlaub* nannte ich diese freie, unbeschwerte Zeit früher, als ich noch in Amt und Würden war. Aber das

Geschäft ließ mich nie ganz los. Mein Büro wusste, wo ich war, und ich dachte ständig an irgendwelche Aufgaben, die anstanden. Die Entspannung und die Erholung waren immer nur die Vorbereitung auf das, was mich erwartete, wenn ich aus dem Engadin zurückkehrte an die Stätten meines Wirkens.«

Wirken und Surfen

Die Stätten meines Wirkens. Wie das klang!

Ich bin mir durchaus im Klaren darüber, dass ich in meinem Arbeitsleben einiges bewirkt habe. Aber was zählt das heute noch? Wer interessiert sich noch dafür? Sobald du nicht mehr im Amt bist, zählt nur noch das, was dein Nachfolger tut. Dass du Spuren hinterlassen hast, stört da eher, auch wenn jedermann weiß, dass man ohne das Wirken seiner Vorgänger selbst nichts bewirken kann. Das Delta zählt, der Unterschied zwischen dem Vorher und dem Nach-her. Als ich Nachfolger wurde, wollte ich mich auch von meinen Vorgängern absetzen. Aber das ist lange her, Vergangenheit, von den meisten längst vergessen.

»Auf der Berghütte trinke ich immer ein Bier und mache mir Notizen«, fuhr ich fort. »Das, was ich da notiere, ist immer ziemlich auf mich selbst bezogen. Aber schließlich geht es ja auch um *mein* Leben, mein bisheriges Leben, das ich achtundsiebzig Jahre lang gelebt habe und auf das ich jetzt zurückblicke. Ich will das, was ich bewirkt habe, nicht bewerten. Das sollen andere tun. Aber ich denke viel darüber nach. Und der Gedanke, dass vieles davon schon vergessen zu sein scheint, schmerzt.

Wenn die Sonne hinter Wolken verschwindet, wird es rasch kühler. Dann gehe ich schneller. Ich werfe einen wehmütigen Blick auf den dunkelgrünen Silvaner See. Ich beobachte die Windsurfer auf dem See. Ich bin nie gesurft. Warum bin ich eigentlich nie gesurft? Kann man mit achtundsiebzig Jahren noch Surfen lernen?«

Cato hatte aufmerksam zugehört.

»Es gibt doch bestimmt Schulen, in denen man das Surfen erlernen kann«, vermutete er. »Melde dich morgen früh an! Dann hast du verstanden, dass alt werden nicht so beklagenswert ist, wie du dachtest.«

TISCHGESELLSCHAFTEN

Cato hob sein Glas. Er betrachtete den dunkel-
rot funkelnden Malanser und nahm den Faden der
Tischgesellschaften wieder auf.

»Ich speise mit den Tischgenossen in aller Bescheidenheit, wie ich dir schon gesagt habe. Doch es geht
unserem Alter entsprechend lebhaft zu. Ich bemesse
das Vergnügen weniger nach dem Wert der leiblichen
Genüsse als nach dem des Zusammenseins und des
Gesprächs. Wegen der Freude am Gespräch genieße
ich zeitig beginnende Tischgesellschaften, und das
nicht nur mit Altersgenossen, von denen nur wenige
noch übrig sind, sondern auch mit Angehörigen der
jungen Generation.«

»Du liebst es, unter Menschen zu sein?«

Es war eigentlich eher eine Feststellung als eine
Frage.

»Ja«, sagte er und senkte den Blick. Da fiel sein
Auge auf ein Buch, das neben dem Esstisch auf einem
Stuhl lag. Er nahm es in die Hand und begann, dar-
in zu blättern. Sein Blick verfinsterte sich zusehends.

»Was ist das denn?«, fragte er ungläubig. Er sah
nach dem Umschlag. »Wer ist denn dieser Thomas
Bernhard?«, fragte er. Er blätterte in dem Buch, schien

hier und da einige Zeilen zu lesen oder eine Passage zu überfliegen.

»Wie kann man so etwas schreiben?«, murmelte er empört vor sich hin. »Was denkt denn dieser Mann von den Menschen?«

»Ich weiß«, sagte ich lächelnd. »Er hat da so seine eigenen Ansichten. Er hält die Menschen für erbärmlich, für unzurechnungsfähig, für verrückt. Aber ...«

Ich wollte gerade zu einem Loblied auf die Texte Thomas Bernhards anheben, da reckte Cato energisch den Zeigefinger in die Höhe.

»Das ist ja fürchterlich«, wetterte er. »Was für eine erbärmliche, unzurechnungsfähige und verrückte Zeit ist das doch, in der ihr lebt.«

»War die eure denn so viel besser? Hältst du das, was du von diesem Flamininus erzählt hast, für normal?«

Cato murmelte etwas Unverständliches, um sodann mit energischer Stimme zu sagen:

»Ich versuche die Menschen zu verstehen, damit ich sie am Ende lieben kann.«

Dann fragte er noch einmal nach, was es mit diesem Thomas Bernhard auf sich habe. Das Buch hatte er längst wieder weggelegt.

»Er lebt nicht mehr. Er war Österreicher, und er ist sehr berühmt«, berichtete ich. »Er wird viel gelesen. Er ist einer der wichtigen Schriftsteller unserer Zeit, glaube ich. Mich fasziniert, wie kunstvoll er die geistlose Heuchelei unserer Zeit in Szene setzt. Er verwendet eine ganz eigenwillige Sprache, die durch den Kunstgriff ständiger Wiederholungen die ganze Verzwungenheit unserer postmodernen Gesellschaft auf wunderbare Weise zum Ausdruck bringt.«

Cato schüttelte den Kopf. Er sah verwundert drein, geradeso, als denke er: *Die spinnen, die Germanen.*

»Beim Blättern habe ich gesehen, dass er oft ein Wort benutzt, das auch du ständig im Munde führst: *naturgemäß.*«

»Ja«, bestätigte ich. »Das ist eines meiner Lieblingswörter. Ich habe es Thomas Bernhard zu verdanken. Er hat es oft verwendet. Inzwischen ist es in der Umgangssprache weit verbreitet.«

»Meinst du damit das, was ich früher in unserem Gespräch die *Naturnotwendigkeit* genannt habe, die unter anderem auch das Alter mit sich bringt?«

»*Naturgemäß*«, erläuterte ich meine Vorstellung von diesem Begriff, »ist etwas, wenn es gemäß Erwarten abläuft, auch wenn die Erwartungen widernatürlich waren. Ich verwende das Wort, wenn ich sagen will: Das ist so, kann aber auch anders sein. Natur ist Leben und Tod. Oder umgekehrt. Es ist eben so.«

Cato wollte das Gespräch offensichtlich wieder auf sein Thema lenken und Thomas Bernhard Thomas Bernhard sein lassen.

»Weißt du, ich bin meinem Alter sehr dankbar, dass es mein Verlangen nach Gesprächen vergrößert, das nach Trank und Speise dagegen vermindert hat. Ich finde Freude am Vorsitz bei Gelagen, an Reden, die man gemäß dem Brauch der Vorfahren der Reihe nach beim Trinken hält.«

»Da geht es ja sehr gesittet zu bei euch. Bei uns reden alle immer durcheinander«, warf ich lachend ein.

Ob das so sei, weil Frauen dabei seien, fragte Cato. Denen falle es ja schwer, sich nach der Sitte zu verhalten.

Ich sagte dazu nichts und dachte an meine Frau. Sie ist eine glänzende Gastgeberin. Von langen Reden bei Tisch, während derer der Redner jeden, der ihn zu unterbrechen versucht, mit einem bösen Blick bedenkt, hält sie allerdings nichts. Das weiß ich.

»Habt ihr bei euren Tischgesellschaften auch über Lust gesprochen?«, fragte ich.

»Bei alten Menschen gibt es keinen so großen Kitzel der Lust, es besteht kein Verlangen danach. Man leidet eben nicht unter einer Sache, die man nicht vermisst. Sophokles, schon im vorgerückten Alter, rief einmal aus, als ihn jemand fragte, ob er den

Freuden der Lust fröne: ›Gott bewahre! Zu meiner Freude bin ich dem wie einem rohen und rasenden Herrn entronnen.‹«

»Nun«, erwiderte ich, »in dieser Hinsicht hat sich dann doch einiges geändert.«

Und ich dachte an einen Bekannten, auf die siebzig zugehend, der gerade von seiner Gattin verlassen worden war und jetzt mit einer fünfundvierzig Jahre jüngeren vollbusigen Russin zusammenzog. Da er sich von einem Herz-Kreislauf-Spezialisten ein biologisches Alter von einundvierzig Jahren hatte bestätigen lassen, waren »die Kämpfe der Wollust, des Ehrgeizes und sämtlicher Begierden«, wie mein Gast sie verächtlich nannte, noch voll im Gange. Laut sagte ich:

»Du magst ja recht haben. Aber das Leben ist nicht mehr in deutlich voneinander getrennte Abschnitte eingeteilt, wie es früher der Fall war. Es geht da heute vieles durcheinander. Es gibt Männer, die werden mit siebzig ganz hemmungslos, und Frauen, die sehen mit sechzig noch aus wie dreißig. Und was möglich ist, das wird auch gemacht. Man wird noch von uns verlangen, im hohen Alter alles können zu müssen.«

»Wo bleibt da die Muße?«, fragte Cato. »Die heitere Langeweile? Es gibt nichts Angenehmeres als ein

Alter voller Muße. Sei zufrieden und denke an Epikur, der sagte: ›Wem genug zu wenig ist, dem ist nichts genug.‹«

ERINNERUNGEN

Ich befürchtete, mir könnte meinerseits langweilig werden, wenn Cato jetzt anfinge, Beispiele für Muße und heitere Langeweile aufzuführen. Also erzählte ich wieder von mir.

»Manchmal fahre ich mit meinem alten Mercedes einfach so durch die Gegend. Ich will dir erzählen, was mir dabei durch den Kopf geht. Ich ertappe mich immer häufiger dabei, wie ich auf Firmenschilder achte, an denen ich vorbeifahre. Jedes Schild, das auf ein Geschäft hinweist, erregt meine Aufmerksamkeit. Da kommt dann jedes Mal ein Stich der Erinnerung. Ich muss dann daran denken, was ich in meinem Leben alles gemacht habe. Das hättest du auch tun können, sage ich mir dann oft, und ich muss mir eingestehen, dass ich neidisch bin. Ich bin neidisch, weil ich weiß, dass ich mit meinen achtundsiebzig Jahren sehr wahrscheinlich keine Firma mehr gründen werde. Ich spüre, dass da etwas endgültig vorbei ist. Es ist Neid auf all jene, für die das noch nicht vorbei ist. Ich erinnere mich dann an die tiefe Befriedigung, die ich immer verspürt habe, wenn ich meinen Namen auf einem Firmenschild las. Mein Name stand auch weithin sichtbar an einem Fabrikgebäude. Das gehörte mir. Aber das war es nicht, was mich befriedigte. Es war mir noch viel wichtiger, dass auch die anderen es sahen, dass sie sagten: ›Das ist doch deine Fabrik.‹ Erst jetzt im Alter ist mir klar geworden, dass es immer das Interesse anderer Menschen war und die Anerkennung durch sie, was mich befriedigte. Und ich frage mich, ob das wirklich über all die Jahre der Antrieb gewesen sein soll, so viel zu unternehmen.«

»Ich weiß, dass den meisten Menschen in glücklicher und günstiger und vorteilhafter Lage der Kamm zu schwellen pflegt und Überheblichkeit und Leidenschaft zunehmen und wachsen«, warf Cato ein.

Gehörte das hierher? Ich fand, nein. Also fuhr ich fort:

»Als ich vor vielen Jahren überraschend Chef eines großen und bekannten Unternehmens geworden war, sagte eine Bekannte zu mir: ›Jetzt kommst du überall in die Zeitungen.‹ Ich wunderte mich, dass sie nicht etwa sagte: ›Das ist aber toll, dass du jetzt der große Chef bist.‹ Nur, dass ich bekannt und in der Zeitung stehen würde, fand sie gut. Und dass ich jetzt wichtig war – für sie.«

»Wichtig?«, fragte Cato nach.

»Ja, wichtig. Ich habe mich selbst auch durchaus immer wichtig genommen.«

Da stand ich meinem Gesprächsgast Cato in seiner Hochmögenheit in nichts nach.

»Ich musste mich wichtig nehmen, um mich durchsetzen zu können. Und ich wollte von anderen wichtig genommen werden. Auch das gehörte dazu. Ich habe in meiner Karriere nie mit irgendwelchen Fügungen gerechnet. Ich war immer davon überzeugt, dass nicht das scheinbar Unausweichliche passiert, sondern das Unerwartete. Heute frage ich mich, wie wichtig all die Dinge wirklich gewesen sind, die ich erreicht habe. Wie wichtig ist es, von anderen wichtig genommen zu werden und den richtigen Titel auf der Visitenkarte zu haben? Wie wichtig ist die Sitzordnung bei Veranstaltungen oder die namentliche Begrüßung? Wichtig ist, wer nicht lange auf einen Rückruf warten muss. Wichtig war ich, solange mein Name in der Zeitung genannt wurde. Ich habe mit einer gewissen Erregung die Rubrik *Personalien* gelesen und die Fotos in den bunten Blättern durchgesehen, immer auf der Suche nach dem eigenen Namen, dem eigenen Bild.«

»Zeitungen gab es bei uns auch«, warf Cato ein. »Wandzeitungen. Da schrieben die Leute an die Wand, was sie für wichtig hielten. Ob das wirklich alles wichtig war, weiß ich nicht. Ich wage es zu bezweifeln. Aber es stand da immer sehr viel an den Wänden.«

»Wandzeitungen gibt es bei uns auch noch, die Idee zumindest. Wenn Menschen zum Beispiel gegen ein geplantes Bauwerk protestieren, dann heften sie Zettel an die Bäume, auf denen nachzulesen ist, wogegen und warum sie protestieren. Mit der Sache selbst hat das meistens nicht unbedingt etwas zu tun. Aber es ist manchmal ganz witzig.«

»Ihr habt doch euer Fernsehen. Da können doch alle sagen, was sie umtreibt.«

»Das tun sie auch. Wenn ihnen ein Mikrofon hingehalten wird und die rote Lampe an der Aufnahmekamera blinkt, reden sie über alles, auch noch über das Persönlichste und Intimste, gerade darüber. Da kann man sicher sein.«

»Und wie war das bei dir?«, fragte Cato listig.

»Ja. Auch für mich waren Auftritte im Fernsehen wichtig, und seien sie auch noch so kurz gewesen. Es war dieses *Da bin ich*. Auch wenn der Anlass ganz belanglos war, habe ich mich immer gefreut, dass sich jemand meiner erinnerte. Obwohl sich die meisten ja nur an dich erinnern, weil sie selbst stolz darauf sind, jemanden zu kennen, den die anderen nur aus der Zeitung oder aus dem Fernsehen kennen.

Vielleicht habe ich mich ja auch zu wichtig genommen. Obwohl ich immer eine Beobachtung des schottischen Moral- und Wirtschaftsphilosophen Adam

Smith, er hat im 18. Jahrhundert gelebt, im Kopf hatte, dass nämlich die Selbsttäuschung eine fatale Schwäche der Menschheit und die Quelle für die Hälfte der Unordnung und Zerrüttung im menschlichen Leben sei.

Täuscht man sich, wenn man sich zu wichtig nimmt? Habe ich mich wirklich zu wichtig genommen? Ja, es war wichtig für mich, in der ersten Reihe zu sitzen. Ich habe mich an den anderen ausgerichtet, an denen, die ich für wichtig hielt. Ich wollte keine Vorbilder haben. Aber ich ertappte mich immer wieder dabei, wie ich eine Art zu sprechen, eine bestimmte Formulierung oder auch das Auftreten eines anderen für mich adaptierte oder sogar imitierte. Das waren dann Menschen, die ich offenbar besonders wichtig genommen habe. All das ist mir aber erst jetzt, im Alter, bewusst geworden.

Ich sehe zum Beispiel noch einen großen, stattlichen Mann vor mir, sehr gut gekleidet, Einstecktuch in der linken oberen Tasche seines dunklen, dezent gestreiften Zweireihers. Er wurde ehrfürchtig *Gottvater* genannt. Das sollte eigentlich nur zum Ausdruck bringen, dass da keiner war, der über ihm gestanden hätte, dass sein Wort galt und dass man sich danach zu richten hatte. Aber es steigerte die Bewunderung fast ins Religiöse, in eine Art Apotheose.

Cato wunderte sich, dass ich diesen Begriff gebrauchte.

»Ich dachte, an so etwas glaubt ihr nicht mehr?«

Ich wollte mich nicht unterbrechen lassen und fuhr fort.

»Er war einer jener Menschen, die für sich irgendwann den Entschluss fassen, dass sie recht haben. Das bedeutet im Umkehrschluss, dass alle anderen im Zweifelsfall im Unrecht sind. Der Mann war für mein Fortkommen wichtig gewesen. Er hatte mich für gewisse Positionen vorgeschlagen. Ich achtete ihn. Vielleicht bewunderte ich ihn sogar. Er war sehr gebildet. Das waren nicht alle Topmanager, die ich kennengelernt habe.

Ich erinnere mich an eine kleine Geschichte, als ein junges Vorstandsmitglied seinen Vorsitzenden im Krankenhaus besuchte. Dieser meinte, der Brecht habe doch recht mit seiner Moral. Wieder in seinem Büro, gab das Vorstandsmitglied seiner Sekretärin die Anweisung, doch einmal festzustellen, in welcher Abteilung ein gewisser Brecht arbeite.

Der Mann, den sie Gottvater nannten, verstand viel von Technik. Den Menschen, mit denen er arbeitete, verlangte er viel ab. Er konnte im Umgang mit Konkurrenten und Mitarbeitern auch vernichtend brutal sein. Aber vielen Menschen bedeutete er etwas.

Er selbst musste sich vielleicht gar nicht wichtig nehmen. Er *war* wichtig. Er war es auch für mich.«

Meine Gedanken kehrten zu den Firmenschildern zurück, die mich so weit hatten abschweifen lassen.

»Wenn ich langsam, ohne jede Eile und mit viel Muße, an diesen Firmenschildern vorbeifahre und lese, was da steht, dann frage ich mich, wie wohl die Geschäfte gehen mögen, und denke halt: Ich wäre so gern noch einmal so, wie ich einmal war. Ich wäre so gern noch einmal jung. Ich spüre dann meine lange Vergangenheit und habe großes Heimweh nach einer Zukunft.«

Ich atmete tief durch. Dann erhob ich mich und geleitete meinen Gast zurück zum Kamin. Unsere Gläser nahmen wir mit. Wir setzten uns wieder in die Ohrensessel. Cato trank den Malanser genüsslich in kleinen Schlucken. Ich setzte das Feuer im Kamin wieder in Gang.

»Wahrlich, Greisenalter«, unterbrach Cato das Schweigen, »brächtest du auch sonst nichts Schlimmes mit dir, wenn du kommst, so ist doch das eine schon genug, dass, wer lange lebt, gar vieles sieht, was er nicht will.«

Ich fühlte mich missverstanden. Ich wollte ja noch so vieles. Ich spürte diese Unzufriedenheit, dass es nicht mehr war wie früher. Ich ärgerte mich ein wenig über die Überheblichkeit meines Gastes und über diesen weisen Spruch, von dem ich fand, dass er so gar nichts mit mir zu tun hatte. Andererseits musste ich zugeben, dass ich Cato herausgefordert hatte. Das knisternde Feuer im Kamin und der gute, schwere Wein beruhigten mich rasch wieder. Ich wurde ganz friedlich, zufrieden fast. Ja, ich war zufrieden, dass mir im bisherigen Verlauf des Gesprächs mit diesem fremden alten Mann aus dieser fremden alten Zeit schon einiges darüber klar geworden war, was es mit dem Alter auf sich hat, dass ich vieles jetzt viel besser fassen und formulieren konnte.

Aber ich musste dringend noch etwas loswerden.

BILANZ

»Ich will spätestens, wenn ich achtzig Jahre alt bin, eine Bilanz meines Lebens ziehen«, sagte ich eilig und bestimmt.

Cato sah überrascht auf.

»Ich habe mich immer gern mit Bilanzen beschäftigt, in all den Berufsjahren. Ich liebe das Bilanzkreuz – Aktiva links, Passiva rechts, also hier die Verwendung der Mittel, dort deren Herkunft. Es übt einen fast unwiderstehlichen sinnlichen Reiz auf mich aus. Ich habe in meinen verschiedenen Stellungen die wichtigen Zahlen stets parat gehabt. Eine Bilanz ist wie eine Partitur. Das habe ich auch in meiner aktiven Zeit schon immer gesagt. Es gibt zwar in der Musik weder Aktiva noch Passiva. Aber hier wie da geht es um Harmonie, um den richtigen Anfang und dann darum, dass am Ende alles stimmen und zueinanderfinden muss. Diese große Stimmigkeit hat es mir angetan. Dass die Welt, allen voran die Finanzwelt, Anfang des 21. Jahrhunderts aus den Fugen geraten ist, ist doch eine Folge davon, dass nicht mehr ordentlich bilanziert wird. Und dass es in vielen Staaten wirtschaftlich bergab geht, rührt daher, dass die meisten Politiker eine Bilanz gar nicht lesen können. Ja, es kommt vor, dass sie Aktiva und Passiva einfach zusammenzählen. Dann hat man natürlich mehr. So habe ich in meinen Vorträgen gern gespottet und jedes Mal schmunzelnden Beifall geerntet. Mir war klar, dass meine Zuhörer nicht verstehen konnten, was ich meinte. Aber die Folgerung klang irgendwie schlagend.

Es wäre ein Fehlschluss, aus meiner Liebe zu Bilanzen zu folgern, ich sei ein Theoretiker. Das Gegenteil ist der Fall. Ich halte mich für einen durch und durch praktischen Menschen. Ja, ich kann eine gewisse Verachtung nicht verhehlen, wenn jemand nur theoretisiert, sei es gesprochen oder geschrieben, und sich dann das Recht herausnimmt, über etwas zu urteilen, was er gar nicht wirklich kennt.«

Ich hatte mich regelrecht in Rage geredet. Cato registrierte es mit spöttischem Blick. Da kehrte ich zu meinem eigentlichen Anliegen zurück.

»Meine Bilanz. Ich werde an meinem achtzigsten Geburtstag Bilanz ziehen. Und dieses Gespräch hier mit dir, lieber Marcus Cato, wird mir dabei eine große Hilfe sein. Ja, die Einsichten aus diesem Gespräch werden es mir einfacher machen, meine Bilanz zu ziehen. Dafür danke ich dir jetzt schon.

Wenn ich *Bilanz* sage, meine ich eigentlich eine Gewinn-und-Verlust-Rechnung. Die Gewinne und

Verluste meines Lebens. Aber es wird schwierig werden, achtzig Lebensjahre in einer Gewinn-und-Verlust-Rechnung zusammenzufassen. Wahrscheinlich geht das gar nicht, sicher nicht im üblichen Bilanzschema, in dem jeweils zwölf Monate betrachtet und beurteilt werden. Ich ärgere mich manchmal darüber, dass ich mein Leben nicht in Zahlen darstellen kann. Ich meine, das ganze Leben, nicht nur das Vermögen und was davon übrig bleiben wird.«

»Mit Zahlen kann ich nicht so sehr viel anfangen«, sagte dagegen Cato. »Das ist nicht meine Welt. Mir ist es immer um die Republik gegangen, die Römische Republik, um den Staat – und der Staat, das waren wir, die wir die Macht ausübten. Ohne den Staat, ohne uns, ging nichts.«

»Und was ist mit dem Markt?«, fragte ich.

»Der Markt gehörte den Händlern. Und wir haben aufgepasst, dass sie nicht über die Stränge schlugen. Nicht wie eure Finanzleute zumindest.«

»Der Markt ist für die inzwischen auch keine göttliche Instanz mehr. Sie sind zwar alles andere als staatshörig, aber sie verdammen den Staat auch nicht mehr, was sie lange getan haben.«

»Ob das reicht?«, hakte Cato nach.

»Es reicht natürlich nicht. Und zwar reicht es schon deshalb nicht, weil die *Finanzleute*, wie du sie nennst, nur eines kennen, nämlich das kurzfristige, schnelle Geschäft. Sie denken nicht darüber nach, welche Folgen ihr Tun für die Gesellschaft haben kann und was es für die Mehrheit der Bürger eines Landes bedeutet, die in der realen Wirtschaft arbeiten.«

Eigentlich war das ja mein Thema. Aber ich war trotzdem froh, dass Cato wieder auf das Alter zu sprechen kam.

»Bedeutende Männer«, sagte er, »sollen ebenso über die Zeit ihrer Muße wie über die ihrer politischen Tätigkeit Rechenschaft ablegen.«

Ich wusste, dass Cato viel schrieb. Er hatte seine berühmtesten Reden veröffentlicht. Erstmals im alten Rom waren Reden so zu Literatur geworden. Er fragte mich, ob ich denn auch etwas Richtiges geschrieben hätte oder immer nur ichbezogene Notizen beim Wandern.

MEIN BUCH

»Ich habe ein Buch geschrieben, ein richtiges Buch. Ich habe zeitlebens Tagebuch geführt, immer aufgeschrieben, was ich gemacht habe, mit wem ich gesprochen habe, was dabei gesagt wurde, oft in wörtlicher Rede, und welchen Eindruck das auf mich gemacht hat. Ich habe auch notiert, was in der Welt so vor sich ging, in meiner kleinen wie in der großen, weiten. Auf der Grundlage dieser Tagebücher war es nicht so schwierig, ein Buch zu schreiben. Und ich schreibe ja nicht für die Nachwelt. Ich schreibe, um mit Menschen ins Gespräch zu kommen. Dreihundertundfünfzig Seiten sind es geworden.«

Cato nickte anerkennend.

»Ein großer Erfolg wurde es nicht. Es war eher etwas für Insider. Ich habe niemanden persönlich angegriffen, auch keinen beschimpft. Es gab keinen Krawall.«

Cato lächelte, ein wenig mitleidig, vor allem aber begütigend.

»Ich sagte einmal, nachdem ich eine Schrift fertiggestellt hatte: ›Ich weiß wohl, wenn diese Schrift zur Veröffentlichung kommt, wird es viele geben, die sie bekritteln. Ganz besonders natürlich solche, die an echter Anerkennung selbst keinen Anteil haben.‹ Deren Gerede habe ich vorüberfließen lassen.«

»Ich habe mich in meinem Buch auch auf Seneca bezogen«, fuhr ich fort.

»Seneca war ein weiser Mann«, sagte Cato und behauptete: »Er war ein Freund.«

Das allerdings konnte aufgrund der Lebensdaten schlechterdings nicht sein. Cato schien die Jahreszahlen und verschiedene Personen durcheinanderzubringen. Aber ich sagte nichts. Vor der Geschichte wird ja vieles relativ. Statt darauf einzugehen, blieb ich bei Seneca.

»Das Leben, sagt Seneca, ist kurz. Aber eigentlich ist es gar nicht kurz. Wir machen es nur kurz, weil wir in unserer Lebenszeit lauter Dinge tun, die in Wahrheit nicht der Mühe wert sind. Ich wollte damals wissen, ob das, was ich in meinem Leben getan hatte, eigentlich der Mühe wert war. Und ich kam naturgemäß nach dreihundertundfünfzig Seiten zu dem Schluss, dass dem so war, im Rückblick zumindest.«

Cato wollte wissen, ob ich in meinem Buch auch über das Alter geschrieben oder nur meine Taten gelobt hätte, wie Nestor.

»Ich habe auch über das Alter geschrieben. Soll ich es dir vorlesen?«

»Bitte.«

Vorausschauend hatte ich das Buch neben dem Sessel bereitgelegt. Ich hatte von Anfang an vorgehabt, Cato davon zu erzählen. Da war es gut, es zur Hand zu haben. Ich hob es auf, blätterte kurz, bis ich die entsprechende Passage gefunden hatte, und las:

»Siebzig Jahre alt. Das Älterwerden beschäftigt mich, hin und wieder jedenfalls, meist unvermittelt, etwa morgens beim Blick in den Spiegel. Beim flüchtigen Hinschauen ist mir, als sähe ich meinen Vater. Ich rechne, wann das war, als er so alt war wie ich jetzt. 1974. Da war er noch der Vater für mich, er, der Alte, und ich der Junge, das Jüngelchen, getrieben vom Ehrgeiz, es ihm zu zeigen.

Dass ich älter werde, fällt mir beim Treffen mit einem alten Mann auf, der das linke Bein hinter sich herzieht. Oder bei der Verabschiedung lang gedienter Mitarbeiter: freudiges Erkennen, Wiedersehen, Erinnerungen an Früheres, an gemeinsame Taten. Nur das Gute zählt, denn der Mensch ist geneigt, die Vergangenheit zu erhellen und die Gegenwart herabzusetzen. Das ist das Schöne an Erinnerungen, sind sie doch das einzige Paradies, aus dem wir nicht vertrieben werden können. Und doch machst du dir mehr Sorgen um die Zukunft als früher. Weil du gesehen hast, was alles danebengehen kann? Eigentlich widersinnig. Wissen sollte beruhigen. Was kommt noch? Unsicheres. Unwägbares. Undenkbares. Was war? Anerkanntes. Abgehaktes. Erfreuliches.

›Im Alter wird man theoriefähig, man entwickelt eine besondere Fähigkeit, zu sehen, was ist, weil man nicht mehr durch die Zukunft korrumpiert wird‹, sagt Odo Marquard, einer unserer bürgerlichen Philosophen.«

»Dem stimme ich zu!«, rief Cato aus. »Aber du bist doch kein Philosoph, du bist doch Ingenieur, oder?«

»Ja, das stimmt. Und Menschen, die technisch denken, sehen das Leben als eine Addition von Ereignissen. Und ein technisch denkender Mensch bastelt an ihnen herum, um sie gangbar zu machen, auch wenn Teile im Dreck liegen. So ähnlich hat das Max Frisch in seinem berühmten Roman *Homo faber* beschrieben, meine ich mich zu erinnern.

Ich bin Techniker und habe in meinem Leben an vielem herumgebastelt. Dass das alles einmal zu Ende geht, kann ich mir heute zwar ausrechnen, aber ich kann es mir immer noch nicht vorstellen. Mit vierzig fehlte mir die Formel dafür völlig. Da kam ich gar nicht erst zu einem Ergebnis.«

Cato unterbrach mich.

»Diesen Max Frisch hast du vorhin schon zitiert. Wer ist das?«

»Auch er lebt nicht mehr«, antwortete ich. »Er war ein Schweizer Schriftsteller. Als er zweiundachtzig Jahre alt war, sagte er: ›Ich nehme mir weniger übel als früher. Das Alter zum Beispiel nehme ich mir nicht mehr übel.‹«

»Ein weiser Mann, so scheint mir«, bemerkte Cato. »Den solltest du dir zum Vorbild nehmen.«

»Meinst du?«, fragte ich, nicht ganz überzeugt. »Aber Älterwerden heißt doch auch anzuerkennen, dass Träume und Hoffnungen zunehmend vergebens sind. Die Hoffnung zum Beispiel, man könnte alles vielleicht doch noch einmal ganz anders machen oder alles könnte noch einmal ganz anders werden.

Älter werden – das heißt schlechter hören. Und mir hat eine zur Unzeit explodierende Neujahrsrakete auch noch ein Trommelfell beschädigt. Also muss ich ein Hörgerät tragen. Sieht nicht besonders toll aus, aber man trägt ja auch eine Brille.

Älter werden – das heißt, dass einem die Jüngeren mit Freundlichkeit begegnen, weil sie Respekt vor einem haben oder sich einfach darüber freuen, einem älteren Menschen zu begegnen, von dem viele wissen, wer er ist.

Älter werden – das bedeutet, dass man seltener aufbegehrt, den Dingen ihren Lauf lässt. Genügt das für ein Älterwerden in Ruhe und Würde? Oder ist das

Alter doch ein Massaker, wie der amerikanische Schriftsteller Philip Roth geschrieben hat? Nein, nein, das finde ich nicht. Dass das Gedächtnis nachlässt, dass man auf dem Golfplatz schon mal den Elektrowagen in Anspruch nimmt, damit muss man leben. Und damit kann man leben. Es ändert sich etwas, wenn man älter wird. Ich weiß nicht, ob wir uns ändern, wenn wir älter werden. Ein alter Freund hat zu mir gesagt, er würde immer noch jungen Frauen hinterherschauen, er wisse nur nicht mehr, warum.«

LANDWIRTSCHAFT UND
TRAUERWEIDEN

Cato schmunzelte.

»Das klingt doch gar nicht so schlecht. Das scheint mir die richtige Richtung zu sein. Aber ganz offensichtlich kanntest du damals, als du dein Buch geschrieben hast, meine vier Punkte nicht.«

»Ich habe das vor acht Jahren geschrieben. Es ging mir vor allem um das, was ich getan habe, um meine Arbeit in der Wirtschaft.«

Für Cato war das offenbar das Stichwort, mir seine Sicht auf die Wirtschaft darzulegen.

»Es mag mitunter vorteilhafter sein, durch Handelsgeschäfte Vermögen zu erwerben, wenn es nicht so riskant wäre, und ebenso Geld zu verleihen, wenn es anständig wäre. Unsere Vorfahren haben es so gehalten und in Gesetzen festgelegt: Ein Dieb solle zum doppelten Schadensersatz verurteilt werden, ein Wucherer zum vierfachen.«

»So würdest du also mit den Bankern verfahren, die uns die Krise eingebrockt haben?«, fragte ich. Ich verzichtete allerdings auf die Nachfrage, wie er da den Schadensersatz hätte ermitteln wollen.

Cato fuhr fort:

»Wenn sie, die Vorfahren, einen Ehrenmann lobten, lobten sie ihn so: *ein guter Bauer und ein guter Landwirt.* Wer so gelobt wurde, schien das ehrenvollste Lob erhalten zu haben.«

»Wir sprechen heute eher vom *ehrbaren* Kaufmann.«

»Den Kaufmann halte ich für einen wackeren und erwerbstüchtigen Mann, aber sein Geschäft ist, wie ich schon sagte, riskant und verlustreich. Doch von den Bauern stammen die tapfersten Männer und tüchtigsten Soldaten; sie erzielen einen in hohem Maße rechtschaffenen und sicheren und den am wenigsten missgönnten Gewinn, und die dieser Beschäftigung nachgehen, führen am wenigsten Böses im Schilde.«

Mir fielen die Bauern unserer Zeit ein, die Subventionen, der Dioxinskandal. Aber die Biobauern, von denen es immer mehr gibt, die wollen ja wirklich nur unser Bestes. Das nehme ich zumindest an. Und es ist doch gut, dass man damit sogar Geld verdienen kann.

Cato sprach weiter.

»Mir geht es um die Landwirtschaft, um den Ackerbau, woran ich unglaubliches Vergnügen finde. In keiner Weise werde ich da durch das Alter behindert, zum anderen komme ich dadurch dem Leben eines Weisen am nächsten. Man hat es nämlich mit der Erde zu tun, die niemals den Befehl verweigert und niemals ohne Verzinsung das zurückgibt, was sie empfangen hat, sondern manchmal mit kleinerem, zumeist jedoch mit größerem Gewinn. Ich finde indessen nicht nur Freude am Ertrag, sondern auch an dem Wesen und der Natur der Erde selbst.«

Cato schwärmte vom Aufkeimen der Pflanzen, vom Wachsen in der Natur, davon, was alles aus der Erde entstehen konnte. Er war ganz begeistert. Und er betonte, dass man all das im Alter erst richtig schätzen und genießen könne, weil man erst dann Zeit und Muße dafür habe. Schließlich geht all das, wofür er sich da gerade so begeisterte, doch recht langsam vonstatten. Fehlte nur, dass er das Wort *Nachhaltigkeit* gebraucht hätte, dann wäre es ein durch und durch *grüner* Vortrag geworden. Aber das Wort konnte er gar nicht kennen, dachte ich und schmunzelte. Es soll im 18. Jahrhundert zum ersten Mal benutzt worden sein, in einem Erlass der Weimarer Herzogin Anna Amalia, in dem von einer *nachhaltigen* Forsteinrichtung die Rede war.

Cato fuhr fort, von der Natur zu schwärmen. Er beschrieb, wie schön das Grün der Wiesen sei, wie erhaben die Baumreihen, wie herrlich die Weinberge und wie anmutig die Ölbaumhaine. An den Wundern der Natur, fand er, sollten sich die Alten erfreuen. Dann fügte er noch hinzu:

»Aber ich gönne den Leuten auch ihre Waffen, Pferde, Lanzen, ihre Keulen und ihren Ball, ihre Übungen im Schwimmen und im Laufen.«

Arbeit und Unterhaltung, äußerte er, vermochten immerhin abzulenken. »Und«, so Cato weiter, »man soll uns alten Leuten von so vielen Spielen nur das Würfel- und das Brettspiel lassen.«

Im Gestus demonstrativer Bescheidenheit ging er noch einen Schritt weiter und befand:

»Selbst von diesen beiden nach Belieben nur eines, da man im Alter auch ohne sie glücklich sein kann.«

Das war nun das schiere Gegenteil von der heutigen Freizeitindustrie, die vor allem die Alten als Kundschaft entdeckt hat und sie mit einem gewaltigen Angebot an Gruppenreisen, Kreuzfahrten und Kursen für Yoga, Englisch oder Bogenschießen als potenzielle Kunden umwirbt.

Nicht ohne Verwunderung hörte ich, was Cato dann zu sagen hatte.

»Ihr beschäftigt euch so viel damit, wie, wie viel und wohin sich die Menschen bewegen. Wir nennen das *mobilitas*. Bei uns spielte das keine so große Rolle.

Besonders stolz scheint ihr ja darauf zu sein, dass ihr eure Leute in Metallgefäße steckt, die sich auf mechanische Weise fortbewegen.«

»Du meinst das Auto.«

»Ja, so nennt ihr es wohl. Wobei ich das besonders merkwürdig finde. Die Griechen sagen *auto*, wenn sie *selbst* meinen. Und ihr bezeichnet diese merkwürdigen Apparaturen so. Habt ihr viele von diesen Spielzeugen?«

Das war jetzt mein Metier. Doch ich hielt mich zurück und blieb ganz sachlich.

»Das sind keine Spielzeuge. Wir brauchen Autos, um uns fortzubewegen. Es gibt auf der ganzen Erde derzeit etwa siebenhundert Millionen Autos.«

»Siebenhundert Millionen?«

»Ja. Aber es leben ja auch mehr als sechs Milliarden Menschen auf der Erde. Da verteilt sich das.«

»Milliarden?«

»Das sind sechstausend Millionen.«

»Zu meiner Zeit waren das dreihundert Millionen. Und uns genügten Pferde, Esel und Wagen. Oder wir ließen uns von Sklaven in Sänften tragen.«

Er hielt inne. Er schien nachzudenken. Oder zu rechnen. Die Zahlen beschäftigten ihn offenbar.

»Wie ist das denn gekommen, dass es plötzlich so viele Menschen auf dem Planeten gibt? Zweihundert

Jahre vor deiner Zeit gab es dreimal mehr Menschen als zu meiner Zeit. Und jetzt, nur zweihundert Jahre später, sind es zwanzigmal so viele.«

»Das ist den Naturwissenschaften geschuldet, den ständig wachsenden Erkenntnissen in der Medizin, in der Biologie, aber auch in der Technik. Die Menschen haben gelernt, die Kräfte der Natur für sich zu nutzen. Wir brauchen heute für unser Leben sehr, sehr viel Energie.«

»Beutet ihr dafür den Planeten aus? Geht ihr da nicht Risiken ein, die ihr womöglich irgendwann einmal nicht mehr beherrscht? Das wäre Hybris.«

»Nein«, beharrte ich. »Wir beherrschen die Risiken, auch unsere modernen Kraftquellen sind sicher. Wir haben die Natur gezähmt.«

»Seid ihr da ganz sicher? Erdbeben zum Beispiel gibt es keine mehr bei euch? Einen Vulkanausbruch wie den des Vesuv zur Zeit der flavischen Kaiser könnt ihr heute verhindern?«, fragte Cato.

»Naturkatastrophen gibt es immer. Aber wir sind darauf vorbereitet. Wir schützen uns mit Technik. Und wir haben Versicherungen.«

In Catos Miene lag Mitleid.

»Du glaubst im Ernst, der technische Fortschritt könne alle Probleme lösen? Jetzt zitiere ich einmal einen Dichter aus eurer Zeit, der gesagt hat: ›Überhaupt hat der Fortschritt das an sich, dass er viel größer ausschaut, als er wirklich ist.‹«

»Und wer war das?«, fragte ich überrascht.

»Ich habe mir den Namen gemerkt, weil ich wusste, dass wir auf dieses Thema zu sprechen kommen würden. Der Mann hieß Johann Nepomuk Nestroy.«

Ich hielt mit dem mooreschen Gesetz dagegen, demzufolge die Leistungsfähigkeit eines Chips, also der Grundkomponente aller intelligenten Technik, sich alle achtzehn Monate verdoppelt. Das heißt, sie steigert sich in fünfzehn Jahren um das Tausendfache.

Erstaunlicherweise schien Cato der Gedanke des exponenziellen Wachstums nicht fremd zu sein, obwohl wir uns doch üblicherweise eher lineare Entwicklungen vorstellen. Er nahm ihn sogar auf und fragte mich:

»Kennst du das Beispiel mit den Seerosen?«

»Nein.«

»Die wachsen sehr schnell, jeden Tag auf das Doppelte ihrer Fläche. Wann ist der See ganz von Seerosen bedeckt?«

Ich sah Cato erwartungsvoll an.

»Am Tag nach dem Tag, an dem er zur Hälfte bedeckt war«, gab er zur Antwort.

»Und dann?«

Ich weiß nicht mehr, ob ich die Frage ausgesprochen hatte. Ja, was dann? Jemand muss das Wachstum beschneiden, um zu verhindern, dass der See unter den Seerosen erstickt, dachte ich.

Das Verhältnis von dreihundert Millionen zu sechs Milliarden gab mir zu denken. Der Raum ist derselbe geblieben, aber die Zahl der ihn bevölkernden Menschen hat so dramatisch zugenommen. Das muss den Menschen doch verändert haben. Der Mensch von heute muss ein anderer sein, als er es vor zweitausend Jahren war.

Ich fragte mich, ob sich die Erfahrungen, die Cato gemacht haben mochte, überhaupt noch auf mich übertragen ließen. Ja, ob mir seine Weisheiten noch helfen konnten, das Alter besser zu verstehen und im Idealfall anders mit ihm umzugehen. Immerhin, wir konnten miteinander reden. Wir verstanden uns. Die Unterschiede in der Lebensweise konnten wir uns gegenseitig erklären. Und die Ratschläge, die Cato mir bis hierher gegeben hatte, waren zum größten Teil hilfreich.

Gibt es so etwas wie eine Grundverfassung des Menschen, die über die Jahrtausende dieselbe bleibt?, fragte ich mich. Sind Kultur, Entwicklung, Zivilisation doch nicht so prägend? Mein Gespräch mit Cato schien zu bestätigen, dass das Menschliche am Menschen dauerhaft und beständig ist und weniger abhängig von Prägungen, als man denken könnte.

Ich konnte mit dem, was Cato sagte, durchaus etwas anfangen. Zumindest galt das für das Gespräch über die ersten drei Punkte der von ihm am Anfang ins Spiel gebrachten Checkliste. Der letzte Punkt stand ja noch aus. Hatte sich die Einstellung zum Tod vielleicht so grundlegend verändert, dass wir uns darüber nicht mehr so einfach verständigen konnten? Ich war schon kurz davor, Cato nach dem Tod zu fragen. Da drängte sich ein anderer, nicht weniger existenzieller Gedanke in den Vordergrund. Ich wollte ihm noch etwas über mein Verhältnis zur Natur erzählen. Wir waren von dem Thema abgeschweift, bevor ich dazu gekommen war. Aber es war mir wichtig.

»Auch ich erfreue mich an der Natur, wenngleich mir als Ingenieur die Welt der Technik, der Maschinen, der Prozesse und der Produkte womöglich leichter zugänglich ist. Ich mag das Konkrete, das, was man anfassen kann. Na ja, *Waffen, Lanzen, Keulen, Bälle*, wenn du so willst. Aber man hat mich schon als Kind gelehrt, wie schön die Natur ist. Meine Mutter hat immer von grünen Wiesen, plätschernden Bächen und bunten Blumenbeeten geschwärmt. Sie zog mit mir in die Landschaft und ließ mich die Natur sehen, riechen, hören und schmecken.

Ganz in der Nähe des Hauses, in dem ich zusammen mit meiner Frau in der Stadt wohne, liegt ein schöner Park. Wenn ich da in der Abenddämmerung auf der Bank sitze und die Trauerweiden betrachte, die um einen kleinen Teich herum wachsen, dann finde ich das schön. Allerdings erscheint mir dieses Wort, *schön*, fast schon zu banal für das, was ich empfinde. Ich habe lange nach einem anderen Begriff gesucht, aber keinen gefunden. Um die Wirkung, die diese Trauerweiden auf mich haben, wirklich beschreiben zu können, müsste ich wahrscheinlich ein Gedicht schreiben, was ich nicht kann. Und Gott kommt mir in den Sinn, wenn ich dieses Bild vor mir habe.

Die Menschen verspüren angesichts schöner Dinge Dankbarkeit. Wenn sie dem Ausdruck verleihen wollen, ist der Adressat des Dankes Gott. Wer sollte es sonst sein? Vor allem die Alten verspüren dieses Bedürfnis, jemandem zu danken. Diesen Gedanken habe ich übrigens von dem Philosophen Robert Spaemann. Er entwickelte ihn, als er eines seiner Bücher vorstellte. Da war er schon sehr alt.

Wenn ich so auf meiner Parkbank sitze, frage ich mich manchmal, wie alt die Trauerweiden sein mögen, die ich da vor Augen habe. Ich habe keine Ahnung, wie alt Trauerweiden werden. Also überlege ich. Wer wird wohl älter sein, die Trauerweiden oder ich? Ich bin vor dem Krieg geboren. Während der letzten Kriegswinter war das Brennholz knapp in der Stadt. Da werden die meisten Bäume abgeholzt worden sein. Oder sie sind den Bomben zum Opfer gefallen, die auf die ganze Stadt niedergingen. Ich werde wohl älter sein.«

PHILOSOPHEN

Die Erwähnung eines Philosophen sowie der Gedanke der Dankbarkeit angesichts der Schönheit und auch der Bezug auf Gott in dieser Überlegung schienen Cato zu interessieren. Er sprach gern über die Philosophie und berief sich oft auf Philosophen, wobei in seinem Weltbild den Göttern immer die entscheidende Macht zugebilligt wurde. Er zitierte Cicero mit der Bemerkung:

»Die beste und zugleich lauterste, heiligste und frommste Verehrung der Götter besteht darin, dass wir sie immer mit reinen, unverdorbenen und unverfälschten Gedanken und Worten anbeten.«

Cato hatte sich auch mit den griechischen Philosophen beschäftigt, obwohl die ihre Moralvorstellungen eher aus der Natur des Menschen als aus der Handlungsweise der Götter ableiteten. Aber da die göttliche Weisheit auch für die Griechen immer ein wichtiges Moment der philosophischen Spekulation blieb, tolerierte er deren Ansatz.

Philosophie war wichtig für Catos Bild von der Welt, viel wichtiger, als sie es für uns heute ist. In unserem Denken hat die Wissenschaft die Philosophie weit zurückgedrängt. Die Wissenschaften versorgen uns mit Hypothesen, Regeln und Gesetzen, die wir konkret anwenden können, während die Philosophie den Dingen auf den Grund geht und herauszufinden versucht, »was die Welt im Innersten zusammenhält«, wie Goethe es Faust formulieren lässt. Dabei bleibt die Philosophie meistens eher abstrakt. Ich zumindest kann zwischen den philosophischen Diskussionen, die ich wahrnehme, und meinem ganz konkreten Agieren in der Wirtschaft, in der unterm Strich nur das Ergebnis zählt, nur selten eine Verbindung herstellen.

»Aber«, wieder einmal erhob Cato den Zeigefinger, »mitunter muss man auch vorsichtig sein mit den Philosophen.«

Und er erzählte die folgende Geschichte.

»Es kamen einmal zwei Philosophen als Gesandte aus Athen nach Rom. Es handelte sich um den Akademiker Karneades und den Stoiker Diogenes. Sie wollten eigentlich für das Volk der Athener die Befreiung von einer Geldbuße erbitten. Sie hielten lange Vorträge, und die bildungshungrigen Römer waren begeistert von den geradezu überwältigenden Geistesgaben der beiden Griechen und vergaßen all die sonstigen Vergnügungen und Beschäftigungen. Ich sah das mit Missbehagen und befürchtete, dass die jungen Leute den Ruhm der Beredsamkeit höher schätzten als den der Taten in Krieg und Frieden. Ich musste dafür sorgen, dass alle Philosophen mit Anstand aus der Stadt hinauskomplimentiert wurden, und sagte dem Senat: Da sitze eine Gesandtschaft so lange ohne Bescheid herum, Männer, die ihre Zuhörer leicht von allem zu überzeugen vermöchten, wovon sie auch redeten. Die jungen Römer sollten nicht Dialektik betreiben, sondern auf die Gesetze hören. Und die Griechen mussten gehen.«

Das war er, der strenge Zensor, wie er leibte und lebte. Aber diese Geschichte, die ja vor allem von Cato handelte, wie er ganz in seinem Element war, änderte nichts daran, dass Philosophen ihm wichtige Ratgeber sein konnten. Er hatte im Verlauf unseres Gesprächs immer wieder Philosophen zitiert. Nachdenklich sagte er:

»Philosophie rechtfertigt das Glück des Menschen.«

Das kam für mich nach der Geschichte mit den Griechen zwar etwas überraschend, war aber schön gesagt. Ich dachte länger darüber nach. Und auch er schien dem eigenen Gedanken nachzuhängen.

»Was das Glück angeht«, begann ich nach einer Pause, »in Amerika haben sie in einer Studie untersucht, wie glücklich Menschen sind. Weißt du, welche Altersgruppe am glücklichsten war? Die Achtzigjährigen, also die Alten, und nicht die Jungen, die Dreißigjährigen.«

»Wie bei uns, wenn es auch in unserer Zeit viel weniger Achtzigjährige gab«, meinte Cato trocken.

Meine Unterscheidung zwischen Wissenschaft und Philosophie wollte er nicht gelten lassen. Für ihn gehörten sie unauflösbar zusammen. Die Unterscheidung zwischen Objekt und Subjekt, die unserer Zeit so selbstverständlich ist, war ihm fremd.

Wenn wir, wie wir es in der Wirtschaft tun, die Menschen als Konsumenten und die Welt als Ansammlung von Konsumenten betrachten, dann betrachten wir sie als Objekte. Wir sehen uns selbst als Konsumenten und werden von anderen als solche gesehen. Da die Welt, wie schon Marshall McLuhan festgestellt hat, ein Dorf ist, kennen wir alle Konsumenten, seit Google erst recht. Die guten Menschen von Mountain View, das ist der Ort, an dem die Firma Google ihren Sitz hat, sagen allen Ernstes, sie wollten die Welt verbessern. Ihr Motto lautet: *Don't be evil – Tu nichts Böses.* In der Welt, wie sie sie sich vorstellen, kann und darf jeder alles über jeden und jedes wissen. Aber vielleicht gibt es auch Menschen, die gar nicht wollen, dass all ihre Fragen beantwortet werden. Laut dem Chef von Google wollen sie, dass man ihnen sagt, was sie als

Nächstes tun sollen. In der Welt von Google werden die Nutzer als Konsumenten gespeichert, definiert und angesprochen, die Welt wird zur Ansammlung virtueller Konsumenten. Deshalb könnte es durchaus sein, dass diese Nutzer alle zehn Jahre ihre Namen ändern müssen, wenn sie sich nicht der Gefahr aussetzen wollen, von anderen Nutzern verfolgt zu werden.

Es war nicht einfach, den Bogen von dieser Überlegung ins alte Rom zu schlagen. Ich versuchte es, indem ich Cato fragte, ob die Sklaven in Rom auch als Konsumenten betrachtet wurden.

»Sofern es ums Essen und ums Trinken ging, ja – aber nicht darüber hinaus. Besitz konnten sie nicht haben. Sie gehörten ja ihrerseits Römern.«

»Bei uns gibt es keine Sklaven mehr«, sagte ich, nicht ohne einen gewissen Stolz auf die Gegenwart.

»Und«, fragte Cato, »was ist mit den Millionen von Arbeitern in anderen Ländern, möglichst fern natürlich, die für einen Hungerlohn von ein paar Münzen im Monat die Produkte herstellen müssen, die ihr hier für euer Leben im Wohlstand benötigt?«

Darauf vermochte ich nicht viel zu erwidern. Wieder einmal hatte Cato recht. Also schwieg ich. Es war spät geworden, aber der Wein hielt das Gespräch in Gang. Wir hatten schließlich noch den vierten

Punkt der Checkliste zu besprechen, die Sache mit dem Tod. Aber da war noch ein Gedanke, zu dem ich Catos Meinung hören wollte.

»Ich habe da noch eine Überlegung, verehrter Marcus, die du dir anhören musst, damit du besser verstehst, warum ich so mit dem Alter hadere und deswegen so viel grübele. Was du denkst, weiß ich ja, zumindest zum Teil, aus dem Gespräch, das du mit Scipio und Laelius geführt hast.«

»Ich höre«, sagte Cato und führte das Glas zum Mund.

Im Stammlokal

»Wenn ich mittags in mein Stammlokal gehe, dann begrüßen mich die anderen Gäste. Einige nicken nur leicht mit dem Kopf, andere winken freundlich, wieder andere kommen auf mich zu und begrüßen mich mit Handschlag oder fragen freundschaftlich: ›Wie läuft's?‹ In meinem Stammlokal treffe ich immer dieselben Menschen. Ich kenne sie. Viele gehen in dieses Lokal, weil sie dort bestimmte Menschen treffen, ich auch. Dabei macht es mir nichts aus, allein an einem Tisch zu sitzen. Dann nehme ich mir eine Zeitung vom Tresen, überlege kurz, welches Gericht ich bestelle, und freue mich, dass ich jedes Mal zügig bedient werde.

Früher waren immer viele Leute um mich – Mitarbeiter, Geschäftsfreunde, Bittsteller. Alle, oder sagen wir fast alle, wollten etwas von mir. Sie hatten ein Projekt vorzuschlagen, das man vielleicht gemeinsam realisieren könnte, oder es ging um einen Job, und man war der Meinung, ich könnte behilflich sein, oder man wollte eruieren, wie eine anstehende Vorstandssitzung zu behandeln war. Ich habe immer geduldig zugehört, und ich habe mich stets an die angesprochenen Angelegenheiten erinnert. Zumindest habe ich sie an meine Assistenten weitergereicht, die sich dann darum gekümmert haben.«

»Hast du den Leuten, denen du Anweisungen gegeben hast, immer gesagt, was du damit bezweckst und warum sie dies oder jenes tun sollen?«, fragte Cato.

»Ja, darauf habe ich immer Wert gelegt.«

»Dann will ich dir sagen, wie ich es gehalten habe. Als ich einmal das römische Volk davon abbringen wollte, zur Unzeit eine Verteilung verbilligten Getreides zu fordern, begann ich meine Rede mit den Worten: ›Es ist schwer, Mitbürger, zum Bauch zu reden, der keine Ohren hat.‹«

Das gefiel mir. Ich musste lachen. Das hätte ich einmal meinen Leuten sagen sollen, wenn sie zur Unzeit Lohnerhöhungen forderten. Aber ich war noch nicht fertig mit dem, was ich aus meinem Arbeitsalltag erzählen wollte.

»In den Sitzungen, die ich geleitet habe, umgaben mich immer ein Dutzend Leute, die alle von mir abhängig waren. Sie fühlten sich mir verpflichtet und waren jederzeit bereit, auf die kleinste Regung in meinem Gesicht hin zu lächeln, zuzustimmen, die Köpfe zu schütteln oder sich zu entrüsten. Da konnte man ernste Fragen mit einer Pointe vom Tisch wischen oder einen Menschen mit einer Grimasse verurteilen.

Man erntete sogar Beifall dafür. Und nach Beifall habe ich mich immer gesehnt.‹

Cato unterbrach.

»Aber vergiss nicht, dass die Werkzeuge, die deine Fehler in die Wirklichkeit zu übertragen berufen sind, sich in alle Winde zerstreuen, wenn die Saat deiner Torheiten aufgeht und sie dir allein die Verantwortung vor die Füße werfen.«

»Ja. So ist es mir auf den Hauptversammlungen der Gesellschaften gegangen, deren Vorstandsvorsitzender ich war. Da wurde mir die Verantwortung zwar nicht vor die Füße, aber an den Kopf geworfen. Da musst du schon einiges wegstecken. Diese Zwangstherapiesitzungen für den Vorstand hat der Gesetzgeber verordnet. Du thronst hoch über dem Aktionärsvolk. Im Auditorium melden sich diejenigen zu Wort, die immer schon einmal vor einer großen Versammlung reden wollten. Um Beifall zu erhalten, verwenden sie deftige Formulierungen, auch wenn es nicht unbedingt immer etwas mit der Sache zu tun hat.«

»Das war bei uns auf dem Forum Romanum auch so. Da haben die Plebejer regelrecht geschrien, wenn sie etwas von uns wollten.«

Ich hatte Bilder von antiken Foren im Kopf und konnte mir das lebhaft vorstellen.

»Bei uns ist das vor allem so, wenn es um die Dividende geht. Und jeder Redebeitrag endet mit einer Frage. Du sitzt da oben und liest die Antwort – denn es muss geantwortet werden – von einem Zettel ab, den dir deine Leute hinlegen.«

»Zettel haben wir keine gereicht bekommen. Als Senator weißt du, was du zu antworten hast.«

Den Seitenhieb verstand ich wohl, ging aber nicht darauf ein. Stattdessen fragte ich Cato:

»Würdest du einem Politiker trauen, der meint, er wende zwanzig Prozent seiner Zeit auf, um Politik zu machen, und achtzig Prozent, um sie zu verkaufen? Das hat einer unserer Politiker gesagt.«

Cato lachte. »Umgekehrt ist es richtig. Bei uns war das ganz einfach. Wir haben im Senat geredet und dann gehandelt.«

Ich kehrte noch einmal zum Bericht aus meinem Alltag zurück.

»Ich sitze also allein in diesem stadtbekannten Lokal, nicke hin und wieder einer Person zu, sage die Tageszeit, also *Guten Morgen*, *Guten Tag* oder *Guten Abend*, aber Projekte gibt es keine mehr zu besprechen. Niemand will etwas von mir. Der Sinn des Besuchs in diesem Lokal erschöpft sich darin, dass man anschließend sagen kann, man sei da gewesen, wo die anderen auch hingehen.

Wenn man seine Ämter verloren hat, ist man sehr allein. Man lebt dann in seinen Erinnerungen, den schönen wie auch denen, die man lieber nicht hätte. Wenn jemand auf dich zukommt und dich begrüßt, sagst du brav die Tageszeit und bist schon wieder allein. Dann sitzt du da und wartest auf irgendeine Erinnerung.

Früher sind die Menschen gekommen und gegangen, jetzt kommen und gehen die Erinnerungen. Auf Veranstaltungen trifft man Menschen wieder, die man aus anderen Zusammenhängen kennt, von früher. Dann fallen einem diese Zusammenhänge wieder ein, und man denkt vielleicht darüber nach. Oder du sitzt neben jemandem, der nichts sagt. Dann fragst du dich, ob der sich auch alt fühlt und seinen Erinnerungen nachhängt. Du stehst auf und vergisst die Begegnung, die nicht stattgefunden hat, auf der Stelle. So fängt es an, das Altwerden. Von Ämtern verabschiedet zu werden hat etwas Tieftrauriges. Trotz des vielen Lobs, das man dabei naturgemäß zu hören bekommt.

Früher, bevor ich alt war, habe ich alles freudig mitgenommen, was sich aus dem Lauf der Dinge so für mich ergab. Heute lastet die Erinnerung wie eine Hypothek auf dem Gemüt.

Und ich werde dir noch etwas erzählen. Vor Kurzem saß ich in einer großen Sitzungsrunde in einer

Bank, achtundvierzig Männer und vier Frauen, alles kundige Leute, jeder auf seinem Gebiet. Es handelte sich um eine Sitzung des Verwaltungsrats der Bank. Zu verwalten hatten wir nichts, allenfalls zu raten. Und das taten viele Teilnehmer der Runde, manche durchaus wortgewaltig. Wir berieten also den Bankvorstand, den wir eigentlich hätten beaufsichtigen sollen. Ich war der Älteste in der Runde. Ich meldete mich mehrmals zu Wort. Wenn ich eine Frage stellte, war mir der Vorstand dankbar, dass er in der Antwort das jeweilige Thema aus seiner Sicht behandeln konnte. Manchmal bekam ich keine Antwort. Dann wusste ich, dass ich nach etwas gefragt hatte, was dem Bankvorstand unangenehm war «

»Das war bei uns anders«, meinte Cato. »Bei uns wurden Reden gehalten, wohlgesetzt und zielgerichtet. Die Antwort interessierte dann nicht mehr, nur noch die Abstimmung.«

»Auch Abstimmungen gab es im Verwaltungsrat dieser Bank.«

»Du warst doch der Älteste in diesem Rat der Weisen«, sagte Cato. »Da hat man dir doch bestimmt besonders gut zugehört.«

»Eben nicht. Die anderen wussten, dass ich bald verabschiedet würde. Also war ihnen ziemlich gleichgültig, ob ich etwas sagte und was ich sagte.«

»Wart ihr zur Verschwiegenheit verpflichtet in diesem Rat der Weisen?«, fragte mich Cato, der, ohne auf eine Antwort zu warten, seinerseits fortfuhr: »Jetzt will ich dir eine Geschichte erzählen. Dann siehst du, wie das bei uns war.«

Und er erzählte:

»Früher hatten die Senatoren in Rom die Gewohnheit, gemeinsam mit ihren Söhnen, die noch die purpurverbrämte Toga trugen, in die Kurie zu gehen. Als nun einmal im Senat irgendetwas Wichtiges beraten und die Beschlussfassung auf den folgenden Tag verschoben wurde und die Senatoren beschlossen, niemand dürfe etwas über den Beratungsgegenstand verlauten lassen, bevor ein Beschluss gefasst sei, horchte die Mutter des jungen Papirius, der mit seinem Vater in der Kurie gewesen war, ihren Sohn aus, was denn die Väter im Senat verhandelt hätten. Der Junge antwortete, man müsse schweigen und dürfe den Beratungsgegenstand nicht nennen. Die Frau wurde immer begieriger, etwas darüber zu hören; das Geheimnisvolle des Vorgangs und das Schweigen des Jungen reizten sie, weiter nachzuforschen. Daher bestürmte sie ihn noch eindringlicher und ungestümer mit ihren Fragen. Da die Mutter so drängte, nahm der Junge zu einer netten und amüsanten Lüge Zuflucht: Verhandelt wurde im Senat, so sagte er, die

Frage, ob es vorteilhafter und eher im Interesse des Gemeinwesens sei, dass ein Mann mit zwei Frauen oder dass eine Frau mit zwei Männern verheiratet sei. Als sie das hörte, schrak sie zusammen, eilte aufgeregt aus dem Hause zu den übrigen verheirateten Frauen. Am nächsten Tag begab sich der Schwarm der Familienmütter zum Senat. Unter Tränen baten sie inständig, man möge eher eine Frau zwei Männer als einen Mann zwei Frauen heiraten lassen.

Beim Betreten der Kurie waren die Senatoren erstaunt, dass die Frauen so aufgeregt waren, und fragten, was diese Forderung zu bedeuten habe. Da schritt der junge Papirus in die Mitte der Kurie und schilderte, wie es gewesen war: Was die Mutter unbedingt von ihm hören wollte und was er seiner Mutter gesagt hatte. Der Senat sprach der Zuverlässigkeit und Intelligenz des Jungen auf das Herzlichste seine Anerkennung aus, fasste aber den Beschluss, künftig sollten die Jungen nicht mit ihren Vätern die Kurie betreten, mit Ausnahme des einen Papirius. Und später wurde dem Jungen ehrenhalber der Beiname *Praetextatus* verliehen, wegen der im Knabenalter bewiesenen Umsicht im Schweigen wie im Reden.«

Die Geschichte gefiel mir.

»Allerdings nehmen wir heutzutage unsere Kinder

nicht mehr mit in Sitzungen«, sagte ich. »Obwohl sie da einiges lernen könnten, und sei es das, was du mit deiner Geschichte zum Ausdruck bringen wolltest, nämlich wie man mit Geheimnissen umgeht. Aber, mit deiner Erlaubnis, lieber Cato, ich möchte noch etwas anderes loswerden, etwas ganz Grundsätzliches.«

Cato sah mich wach und neugierig an.

»Ohne Amt bist du eben weniger wert, viel weniger sogar. Niemand sagt es. Aber du weißt es auch so. Ich habe doch bei anderen *Großmeistern* gesehen, wie tief der Schmerz angesichts des Bedeutungsverlusts war, wie sehr sie unter dem *Rampenlichtentzugssyndrom* gelitten haben. Ich frage mich, wie das mit dem Altwerden wohl bei Leuten ist, die keine Ämter innehatten. Gibt es das überhaupt? Irgendein Amt, einen Posten, ein Pöstchen hat doch jeder; einen Beruf, in dem er seine Rolle spielt; eine Beziehung; irgendetwas, woran man sich gern erinnert, sobald es Vergangenheit geworden ist. Je mehr solcher Ämter oder Funktionen oder Erlebnisse man gehabt hat, desto größer ist der Verlust, wenn es vorbei ist, insbesondere der Bedeutungsverlust. Irgendwann ist deine Bedeutung dann gleich null. Du sitzt vielleicht im Pflegeheim und bist nur noch ein Kostenfaktor. Für die Pflegerin magst du noch eine gewisse Bedeutung haben, sonst aber wird alles bedeutungslos.

Ist es schon so weit frage ich mich, wenn ich in dem stadtbekannten Lokal sitze und brav die Tageszeit sage. Wie gesagt, für mich ist das Leben eine Addition von Ereignissen, deren Amplitude immer enger wird. Sie tendiert gegen null immer weiter, bis sie irgendwann angekommen ist. Ich kann die Weite der Amplitude kaum noch beeinflussen. Das schmerzt fast noch mehr als der Bedeutungsverlust.

Ich zeichne mein Leben als technisches Diagramm auf die Serviette des stadtbekannten Lokals. Das Bild gelingt. Es gefällt mir. Ich weiß nur nicht, wem ich es zeigen soll.«

»Du hättest mit Pythagoras sprechen sollen«, sagte Cato spöttisch. »Der hat die Geometrie verstanden.« Ernsthaft setzte er nach: »Was du da mit dir herumträgst, ist doch leicht zu durchschauen. Du glaubst, die Amplitude deines Lebens gehe gegen null. Da liegst du richtig. Am Ende. Aber bis dieser Moment gekommen ist, kannst du die Amplitude sehr wohl selbst bestimmen.«

GEIZ

Das Kaminfeuer warf tanzende Schatten an die Decke. Der Wein war ausgetrunken. Ich stand auf, um zwei Whiskygläser, Eis und die Flasche Malt Glenfiddich zu holen. Die Eiswürfel klirrten, als wir uns zuprosteten.

»Was ist das?«, fragte Cato, dem die bisher gereichten Getränke auffallend gut geschmeckt hatten.

»Whisky«, antwortete ich. »Aus Schottland.«

»Teuer?«, fragte er.

»Schon«, gab ich zu.

Cato nippte. Seine Augen strahlten vor Begeisterung. Er nahm einen kräftigen Schluck und lehnte sich zurück.

»Die Alten sind eigensinnig, ängstlich, jähzornig und schwierig, heißt es. Sie sind, wenn wir die Wahrheit hören wollen, auch geizig. Bei dir scheint das nicht der Fall zu sein. Aber, und höre gut zu, geizig sein, das ist ein Fehler des Charakters, nicht des Alters, und doch gibt es für den Eigensinn und die genannten Fehler eine Entschuldigung, zwar keine, die sie rechtfertigt, aber eine, die man immerhin verständlich finden kann.«

»Und was soll das für eine Entschuldigung sein?«

»Die Alten fühlen sich gering geschätzt, verachtet und verspottet.«

»Das stimmt. Mir fällt ein Interview ein, das ein junger Chefredakteur einmal mit mir geführt hat. Der hat zu mir gesagt: ›Man beneidet ja nie ältere Menschen.‹«

»Siehst du.«

»Unde wie oft hört man die Worte *alter Sack*!«

»Alter Sack?«

»Ja, bei uns sagt man das häufig. Man meint damit alte Männer. Besonders schmeichelhaft ist es nicht. Meine Frau sagt gern mit Blick auf Kleider, von denen sie will, dass ich sie trage oder nicht mehr trage: ›Ein alter Sack muss mit der Zeit gehen, sonst ist er ein alter Sack.‹«

Das ging Cato offensichtlich zu weit. Er wollte es nicht gelten lassen. Er erwiderte in deklamatorischem Ton, wahrscheinlich war es ein Zitat aus einem Theaterstück:

»Es traten neue Redner auf. Törichte junge Burschen! Unbesonnenheit ist eben das Merkmal der prangenden Jugend, Klugheit das des Alters. Bei dem allerdings bei einem gebrechlichen Körper jedes Ärgernis Erbitterung hervorruft.«

Ich goss Whisky nach. Cato schlürfte ihn genießerisch und sagte bedeutungsvoll:

»Zwischen dem Rand der Lippe und dem des Bechers kann sich vieles ereignen. Das ist ein gutes Getränk. Und ein teures Getränk. Aber warum soll man ausgerechnet im Alter sparen? Gerade im Alter leuchtet mir der Geiz nicht ein. Gibt es etwas Unsinnigeres, als immer mehr Reisegeld anzusparen, wenn der restliche Reiseweg immer kürzer wird?«

DIE NÄHE DES TODES

Da waren wir bei Punkt vier angelangt. Es ist der Punkt, der Menschen unseres Alters am meisten zu ängstigen und zu beunruhigen scheint. Cato nannte es *das Nahen des Todes*. Der Tod, das ist gewiss, ist im Alter nicht weit.

Für mich war der Tod immer weit weg. Mir ging es zeit meines Lebens wie Bertolt Brechts Herrn Keuner, der, auf seinen Tod angesprochen, nur bemerkte, er meide Beerdigungen. So bin ich dem Tod auch auf der Trauerfeier für einen guten Freund nicht wirklich begegnet. Mein Freund Günther ist achtzig Jahre alt geworden. In der Friedhofskapelle im neugotischen Stil hatten sich rund fünfzig Menschen zusammengefunden, Familienangehörige und Freunde. Acht große Kerzen flankierten den Sarg, davor ein Kranz aus achtzig Rosen, den Lieblingsblumen des Verstorbenen. Ich bleibe vor dem braunen Holzsarg stehen, der schräg zur Gebäudeachse auf einem mit grünen Tüchern behängten Gestell platziert ist. Ich neige den Kopf und falte die Hände. Da liegt er, mein Freund Günther, in einem engen braunen Holzsarg. Tot. Er kann kein Wort mehr sagen. Dabei war er immer sehr wortgewaltig. Kein großer Redner, aber das, was er sagte, konnte man glauben. Es hatte fast etwas Lächerliches, dass ich Günther in seiner massiven Körperlichkeit vor mir zu sehen meinte und doch wusste, dass er für immer weg war. Der Pfarrer redete viel von Gott. Dass man ihm vertrauen solle, ohne Wenn und Aber. Insbesondere die Hinterbliebenen könnten mit seiner Hilfe rechnen. Die aber heulten. Vielleicht dachten sie darüber nach, wie sie ohne Günthers Großzügigkeit weiterleben sollten. Der Pfarrer sagte, Gott habe den Menschen viele Nüsse geschenkt, aber keine geknackt. Ich fand das ein schönes Bild. Keinen Moment dachte ich daran, dass ich jemals selbst in einem engen braunen Holzsarg liegen könnte. Die Trauergesellschaft sang *Befiehl du deine Wege*, murmelte das *Vaterunser*, der Pfarrer sagte zum zehnten Mal *Amen*. Alle Trauergäste machten noch einmal halt vor dem braunen Holzsarg, bevor die Gesellschaft langsam und schweigend die Friedhofskapelle verließ. So also sah das Ende eines Menschen aus. Und Schluss.

Ich habe mich bislang nur selten gefragt, was sein wird, wenn ich nicht mehr sein werde. Ich habe meine Todesanzeige entworfen, Stichworte für die Grabpredigt aufgeschrieben, und natürlich habe ich ein Testament gemacht. Manchmal macht sich ein drängendes sinnliches Gefühl der Endlichkeit in mir breit. Morgens im Bad, wenn ich aus meiner Tablettenbüchse eine Pille herausnehme und ausrechne, wie lange der Vorrat noch reicht. Einhundert Tabletten sind einhundert Tage. Dann ist die Schachtel leer. Ich rechne immer nach, als wollte ich wissen, wie viel Zeit mir noch bleibt.

Die Einschläge kommen näher, sagte ein alter Freund zu mir. Er war Soldat im Weltkrieg. Wir hatten über alte Wegbegleiter gesprochen, die in der letzten Zeit gestorben waren. Auch das lässt einen die Endlichkeit spüren. Jeder Tod ein Ende.

Oder ich stehe vor meinen Bücherregalen. Fast zweitausend Bücher haben sich mit der Zeit angesammelt. Nicht alle habe ich gelesen. Gerade in den Jahren, in denen ich besonders viel zu tun hatte, war mein Bestand an ungelesenen Büchern rasant gewachsen. Ich nehme ein Buch aus dem Regal. Ich erinnere mich, wann und warum ich es gekauft habe – auf Anregung meines Buchhändlers oder nach einer Besprechung im Literaturteil der Zeitung. Warum ich es lesen sollte, fällt mir nicht ein. Ich lese den Klappentext und blättere in dem Buch, finde eine Stelle, an die ich mich erinnern kann. Ich nehme mir vor, alle Bücher zu lesen, an die ich irgendeine Erinnerung habe. Ich schätze, dass das ungefähr zweihundert Bücher sein werden. Ich beginne zu rechnen: Pro Buch brauche ich zwei, manchmal vielleicht drei Tage, wenn sonst nichts anliegt. Es liegt aber oft was an. Die Familie kommt zu Besuch. Wir laden Bekannte ein. Es gibt Reisen. Es gibt Einladungen. Also rechne ich mit einem Schnitt von einem Buch in der Woche. Das macht vierzig bis fünfzig Bücher im Jahr. Ja, denke ich, das müsste zu schaffen sein. Das ist doch eine Aufgabe. Solche klar umrissenen Aufgaben werden mir nicht mehr gestellt. Deshalb sind ganze Tage leer. Tage ohne Aufgabe sind für mich leere Tage. Ich muss mir selbst Aufgaben stellen. Jetzt habe ich eine. Bei zweihundert zu lesenden Büchern bin ich für vier bis fünf Jahre beschäftigt. Dann bin ich deutlich über achtzig.

Wie alt will ich werden? Früher, im Beruf, habe ich jedes Jahr Fünfjahrespläne gemacht, rollierend. So könnte ich die Zeit bis zu meinem Tod ausfüllen, rechnerisch.

Ich hatte Cato meine mathematische Annäherung an den Tod dargelegt. Er sah mich ungläubig an und schüttelte den Kopf.

»Je genauer die Planung, desto härter trifft dich der Zufall«, meinte er trocken.

Ich fühlte mich ertappt. Genau das hatte ich in den Firmen, deren Chef ich war, immer zu den Controllern gesagt.

Für mich war die Beschäftigung mit dem Tod wie die Beschäftigung mit einem Projekt. Jedes Projekt ist in einzelne Projektschritte gegliedert. Was kam als Nächstes? Ich hatte vorbereitet, was in meinen Augen vorbereitet werden konnte. Ich hatte die Firmen und Vereinigungen, für die ich eine Rolle gespielt hatte und die mir gegebenenfalls in einer Todesanzeige danken wollten, gebeten, davon abzusehen und den entsprechenden Geldbetrag unserer Stiftung, also Kindern im Kindergarten, zugutekommen zu lassen. Die Firma, die meinen Namen trägt, könnte mit einem angemessen weihevollen Nachruf auf sich aufmerksam machen. Das wäre für sie von unmittelbarem Nutzen. Dann ist so ein Nachruf sinnvoll.

Ich weiß, dass mein Tod für meine Familie etwas bedeuten wird. Ich war immer sehr präsent, auch dominant. Der Ort, an dem ich begraben werden will, steht längst fest. Und einen Ablaufplan für die Begräbnisfeierlichkeiten gibt es auch. Ich will keine Reden. Reden am Grab sind oft so unaufrichtig. Da wird immer über das Leben des Verstorbenen gesprochen, nie über seinen Tod. Dabei möchte man doch wissen, wie er gestorben ist, weniger wie er gelebt hat. Eine Dixieland Band soll für alle, die meine Familie einlädt, *When the Saints Go Marching in* spielen. Dann soll es einen deftigen Leichenschmaus geben.

Cato meinte:

»Vom weisen Solon stammt der Ausspruch, er wolle nicht sterben, ohne dass seine Freunde Schmerz empfänden und um ihn klagten. Er wollte den Seinen teuer sein, so wie du. Ich halte es mit Ennius, der sagte: ›Niemand möge mit Zähren mich ehren noch an meinem Grabe Tränen vergießen.‹« Und Cato fügte hinzu: »Ein Tod, dem Unsterblichkeit folgt, ist nicht zu betrauern.«

Das gefiel mir. Und mir fiel auch ein passendes Zitat dazu ein:

»›Hässlich und schrecklich ist der Tod nur auf den Gemälden unserer Künstler.‹ Das hat der große russische Schriftsteller Leo Tolstoi einmal in einem Interview gesagt.«

Während ich so mit Cato am Kamin in meinem Haus im Engadin saß, konnte ich mir nicht vorstellen, dass ich jemals Angst vor dem Tod haben würde. Die Tatsache, dass ich den Tod wie ein Projekt behandelte, schützte mich davor. Ich habe in meinem Leben viele Projekte bearbeitet. Nicht aus allen allerdings ist etwas geworden. In Wahrheit ist die Zahl der Projekte, aus denen nichts geworden ist, größer als die derer, die realisiert worden sind.

Cato setzte noch eins drauf, indem er sagte: »Wie armselig ist doch ein Greis, wenn er in einem so langen Leben nicht erkannt hat, dass der Tod gering zu achten ist!«

Das war deutlich. Ich antwortete mit einem weiteren Zitat, in eine Frage gekleidet, weil ich schon wusste, dass Cato damit nicht einverstanden sein konnte:

»Du würdest also dem nicht zustimmen, was ein italienischer Mönch eintausenddreihundert Jahre nach dir gesagt hat: ›Der Tod ist das Tor zum Licht am Ende eines mühsam gewordenen Weges?‹«

Cato schüttelte den Kopf und sagte:

»Richtig. Dem kann ich auf keinen Fall zustimmen.«

Und er begründete seine Meinung:

»Der Tod ist entweder gänzlich zu vernachlässigen, wenn er die Seele völlig auslöscht, oder sogar zu wünschen, wenn er sie an einen Ort führt, wo ihr ewiges Leben beschieden ist.«

Das Projekt Tod konnte also zwei unterschiedliche Ergebnisse haben. Das eine Mal wäre das Ergebnis eine glatte Null, danach nichts mehr. Das andere beinhaltete die Hoffnung auf Glückseligkeit.

Tertium non datur, beschied der weise Cato, *eine dritte Möglichkeit gibt es nicht.*

»Wenn man unter Glückseligkeit versteht, dass man in irgendeiner Form an einem anderen Ort weiterlebt, ist das tatsächlich eine sinnvolle Alternative, die ein Drittes ausschließt«, überlegte ich. »Mit beiden möglichen Ergebnissen kann ich leben. Der Tod selbst ist eine sehr kurze Strecke. Die letzten Worte, die Thomas Mann geschrieben hat, lauten: ›Lasse mir's im Unklaren, wie lange dies Dasein währen wird. Langsam wird es sich lichten. Soll heute etwas im Stuhl sitzen. – Verdauungssorgen und Plagen.‹ Ich glaube nicht, dass Goethe dem Tod mit dem ihm zugeschriebenen und so oft zitierten Satz entgegentrat: ›Mehr Licht!‹ Wahrscheinlich war es einfach nur ein lang gezogener Seufzer.«

Dann sagte ich noch, ganz in Gedanken:

»Wenn ich in der Stadt im Biergarten sitze und sehe, wie die vielen Alten um mich herum Bier trinken, würde ich zu gern wissen, wie die über das Alter denken. Ich weiß nur, dass sie alt sind. Wie ich.«

Bis zum Tod ist noch viel Zeit. Der Tod ist ein Skandal. Der Tod ist eine Unverschämtheit. Der Tod ist ein Irrtum. Wer hat das gesagt? Das sind alles Zitate. Ich habe das alles irgendwann irgendwo gehört. Mein Gedächtnis …

Kinder laufen im Biergarten umher, lachen laut und halten einen Taschencomputer in den Händen.

Mit ihren kleinen Fingern tippen sie darauf herum und freuen sich über das, was sie daraufhin sehen. Ich hoffe, sie erfahren das Richtige, also etwas, was ich für richtig halten würde in meinem in sich geschlossenen Alterserfahrungskreis.

Sterben

Vor Kurzem habe ich einen langjährigen Freund getroffen, zweiundachtzig Jahre alt, Unternehmer wie ich. Er musste sich einer komplizierten Rückenmarksoperation unterziehen. Zwölf Stunden hatte sie gedauert. »Wenn Sie es nicht hinkriegen«, hatte mein Freund vor der Operation zu dem Chefarzt gesagt, der ihn operierte, »dann lassen Sie mich sterben. Unbeweglich im Rollstuhl sitzen für den Rest meines Lebens, das will ich nicht.«

Der Tod ist das eine, das Sterben ist etwas anderes. Sterben kann lange dauern und mühsam sein. Wenn du eine bösartige Krankheit hast, die dich langsam all der Fähigkeiten beraubt, die dein Leben bisher ausgemacht haben, wenn du noch auf dieser Welt bist, obwohl du nicht mehr wirklich lebst, dann ist das grausam. Ich erzählte Cato, dass ich verfügt hatte, man möge mich sterben lassen, sollte mir Derartiges widerfahren.

Cato sah dieses Unglück nicht. Er sah Sterben und Tod als Einheit und fragte mich:

»Wie steht es damit, dass gerade die größten Weisen im größten Gleichmut sterben und die größten Toren aber im größten Unmut? Eint euch etwa nicht eine Seele, die mehr wahrnimmt und weiter blickt, zu sehen, dass sie zu einer besseren Welt aufbricht, während die, deren Blick weniger scharf ist, das nicht sieht?«

»Lieber Cato, du sprichst von der Seele. Ich habe sie immer in mir gesucht, die gute Seele zumindest. Aber dann haben Kundige zu mir gesagt, es sei nicht meine Seele, sondern mein Unbewusstes, das mich bei allem, was ich tue, treibe. Ich weiß nicht, ob da eine Seele ist.«

»Höre, lieber Freund, was Kyros der Ältere in seiner Todesstunde sagte: ›Glaubt nicht, ihr, meine liebsten Söhne, dass ich, wenn ich von euch geschieden bin, nirgendwo oder gar nicht mehr sein werde. Ihr saht ja meine Seele auch nicht, solange ich bei euch war, sondern erkanntet an meinen Taten, dass sie in diesem Körper ist. Glaubt also, dass sie auch dann existiert, wenn ihr nichts von ihr seht.‹«

Das leuchtete mir ein. Es war logisch gedacht, hätte fast von einem Ingenieur stammen können. Und ich hoffe, ich werde beim Sterben so viel Zeit haben, meinen Kindern und Enkeln diese Logik noch zu erklären. Vielleicht sollte ich meinen Tod in eine Schublade legen, alles, was mit meinem Tod zusammenhängt, und alles, was meine Angehörigen danach wissen oder haben müssen, den Schlüssel herumdrehen und darauf hoffen, dass meine Erben nicht in Streit geraten.

Für Cato war ganz klar, was sein Tod ihm bedeutete:

»Die Natur hat uns eine Unterkunft zum vorübergehenden Verweilen, nicht zum Wohnen gegeben. Wie herrlich wird der Tag sein, an dem ich mich zu jener göttlichen Versammlung der Seelen aufmache und aus diesem verworrenen Gedränge scheide. Dann breche ich ja nicht nur zu den Männern auf, von denen ich vorher gesprochen habe, sondern auch zu meinem Cato, dem besten Sohn, den niemand an treuer Liebe übertraf. Ich musste seinen Leichnam verbrennen, während es sich doch umgekehrt geziemte, dass er es mit dem meinigen tat.«

Ich sah und spürte, wie sehr der frühe Tod seines Sohnes Cato schmerzte. Er starrte vor sich hin. Dann zitierte er, aus dem Gedächtnis, eine Passage aus einem Brief, den er einmal an seinen Sohn Marcus geschrieben hatte:

»›Ich werde, lieber Marcus, über diese Griechen an geeigneter Stelle sagen, was ich in Athen für Erfahrungen gemacht habe und dass es gut ist, ihre Literatur einzusehen, jedoch nicht auswendig zu lernen. Ich werde beweisen, dass das eine höchst nichtsnutzige und unbelehrbare Sorte von Menschen ist. Und das

Folgende lass dir wie einen Seherspruch gesagt sein: Wenn einmal dieses Volk uns seine Schriftwerke gibt, wird es alles verderben, ganz besonders dann aber, wenn es seine Ärzte hierher schickt. Diese haben sich untereinander durch einen Eid verpflichtet, die Barbaren allesamt umzubringen durch ihre ärztliche Kunst, aber gerade das tun sie gegen Bezahlung, damit man ihnen Vertrauen entgegenbringt und sie uns ohne Schwierigkeit vernichten können. Auch uns nennen sie immerzu *Barbaren* und verunglimpfen uns noch unflätiger als andere durch die Benennung *Opiker*, diesen minderwertigen italischen Stamm. Ich habe dich also ausdrücklich gewarnt vor den Ärzten.‹

Es klingt böse, ich weiß.«

Cato schwieg lange, und ich fragte mich, ob der Verlust eines geliebten Menschen dazu führen könne, dass jemand andere Menschen zu hassen beginnt.

Dann fragte Cato:

»Was bleibt von dir, wenn du deine von der Natur gegebene Unterkunft verlassen musst?«

Tja, was bleibt da? Geht es wirklich nur um das Gedenken der Nachwelt, um Ruhm und einen Platz in der Geschichte, um den die großen Römer immer kämpften, wie Cato mir weitschweifig erläutert hatte? So, wie ich darauf hoffen durfte, dass später einmal über mich gesagt werde, ich sei ein guter Unternehmer gewesen, der seine Firma zum Weltmarktführer gemacht, einen Konzern vor dem Konkurs gerettet und ein Staatsunternehmen in privatwirtschaftliche Bahnen gelenkt hat?

Was kommt nach mir? Diese Frage treibt mich um. Die Antwort hat mir meine Tochter gegeben. Sie ist Neurogenetikerin:

»Als Menschenkonstrukt lebst du weiter in deinen Kindern. Sie tragen deine Gene in sich, nicht alle, aber viele. Das steht unverrückbar fest. Das bleibt von dir. Alles andere ist vergänglich, möglicherweise nachlesbar, zitierfähig, aufbewahrt auf Papier oder gespeichert in Computern. Wobei allerdings hin und wieder das eine oder andere gelöscht wird.«

Wahrscheinlich hatte Cato ähnliche Gedanken, als er von seinem Sohn sprach. Der hieß wie er, und er sollte sein wie er. Cato dachte dynastisch. Und die Kette war unterbrochen.

Cato kam noch einmal auf sich und die Nachwelt zu sprechen. Fast schon trotzig fragte er:

»Oder glaubst du etwa, ich hätte solche Mühen bei Tag und Nacht im Frieden und im Krieg auf mich genommen, wären meinem Ruhm die gleichen Grenzen wie meinem Leben bestimmt? Wäre es dann nicht viel besser gewesen, die Lebenszeit in Muße und Ruhe ohne irgendeine Mühe und Anstrengung zu verbringen?«

Ich wollte nicht widersprechen. Kriege hatte ich nicht geführt, wohl aber Schlachten geschlagen. Jetzt in Muße und Ruhe zuzusehen, was die Jungen daraus machten, sich nicht mehr einzumischen, nicht mehr recht haben zu müssen, auch wenn es auf der Hand lag, dass meine Nachfolger vieles nicht sahen, was sie eigentlich hätten sehen müssen, das war der richtige Weg. Das leuchtete mir schon ein.

»So gesehen ist das Alter nicht nur nicht lästig, sondern sogar angenehm«, sagte Cato trocken. »Und deine Psychoanalytikerin, die du früher am Abend zitiert hast, hat einfach unrecht.«

»Ich will das Alter gern so nehmen, wie du es beschreibst«, sagte ich und dachte an einen berühmten Politiker, der auf die Frage »Sie arbeiten jeden Tag hier im Büro, auch mit fünfundachtzig Jahren?« antwortete: »Ja, man muss etwas tun. Mein Arzt hat gesagt, das ist gut so. Machen wir also weiter so.«

Ich spürte, dass unser Gespräch seinem Ende entgegenging. Cato sah versonnen in sein Whiskyglas, schwenkte die Eiswürfel darin und bemerkte, wir hätten ein gutes Gespräch geführt. Es sei ihm eine Freude gewesen, sich mit mir zu unterhalten. Auch wenn ich in einer Zeit leben müsse, die er nicht verstehe und in der er mit vielem ganz und gar nicht einverstanden sei.

»Die Welt ist in Unordnung geraten«, befand er ernst. »Lange bestehende Ordnungen haben sich aufgelöst.«

»Das ist richtig«, antwortete ich. »Und da ist viel Unzufriedenheit, viel Angst auch. Es scheint nirgends die Hoffnung zu bestehen, dass aus der Unordnung ein anderes System hervorgeht, ein besseres gar.«

Nach einer Pause setzte ich hinzu: »Man hat den Eindruck, als habe in den Augen der meisten meiner Zeitgenossen die Zukunft Konkurs angemeldet. Als wir die Mauer überwunden hatten, von der ich dir erzählt habe …«

»Du meinst diese Mauer, die mitten durch eure Hauptstadt gebaut worden war?«

»Genau die. Als dieser Kampf endlich gewonnen und die Mauer weg war, da haben einige Kommentatoren gesagt, jetzt sei die Geschichte an ein Ende gekommen. Das war nicht nur falsch, sondern exakt das Gegenteil war der Fall. Die Geschichte kam erst recht in Gang. Die Geschichte geht immer weiter. Nur wohin? Und zu welchem Zweck?«

Cato sagte nichts. Es war sehr still.

»Die Menschen haben Fragen«, fuhr ich fort. »So viele Fragen. Und weil sie nicht die Antworten bekommen, die sie verstehen oder die sie hören wollen, protestieren sie. Es wird viel protestiert. Wer protestieren will, sucht sich gern ein Thema, auf das die Massenmedien anspringen, also die großen Zeitungen und vor allem das Fernsehen. Dann schaukeln sich Demonstranten und Medien gegenseitig hoch. Es gibt immer ein paar Berufsdemonstranten, die sind jedes Mal dabei und immer dagegen. Aber die meisten, die da demonstrieren, sind ruhige, ganz normale Bürger. Die begehren da gegen etwas auf. Und sie scheinen das zu genießen. Sie gehen in der Menge auf und erleben das als etwas Besonderes. Sie spüren geradezu körperlich, wie sie Teil von etwas werden. Alle sind sich einig, alle sind der gleichen Meinung, alle haben dasselbe Ziel. Schaut man in die Gesichter, kann man sehen, dass es vielen, die dabei sind, Spaß macht zu demonstrieren. Es hat immer auch den Charakter einer großen Party. Mir ist aufgefallen, dass bei solchen Protestmärschen häufig Särge mitgetragen werden. Sie stehen dafür, dass irgendetwas symbolisch beerdigt wird. Dabei demonstrieren sie in den meisten Fällen auch gegen sich selbst. Das tun sie immer dann, wenn das, was die Demonstranten angreifen, der Gesellschaft dient, zu der sie ja auch gehören. Von dem Flughafen, gegen den sie protestiert haben, fliegen sie, wenn er dann doch gebaut worden ist, in den wohlverdienten Urlaub. Vom Bahnhof, den sie bekämpft haben, fahren sie zur Arbeit. Und über Hochspannungsleitungen, deren Errichtung sie mit allen Mitteln zu verhindern versuchen, werden sie den Strom beziehen, den sie zum Leben brauchen. Wenn man es sich genau überlegt, ist es ziemlich einfach, die Menschen in Aufruhr zu versetzen. Und die Politiker denken dann vor allem daran, wie sie die Massen kurzfristig wieder beruhigen, damit sie die nächste Wahl gewinnen.«

Cato hörte zu. Dachte er an die politischen Wirren im alten Rom? An Bürgerkrieg und an die Zeit der Diktatoren? War das vergleichbar?

»Auch bei uns hat es Aufrührer gegeben. Aber wir wollten die Republik und keine andere Staatsordnung.«

»Gab es im Rom deiner Zeit auch diese Angst vor der Zukunft, diese Angst, den eigenen Wohlstand zu verlieren? Und diese Angst vor dem Alter?«, wollte ich wissen.

»Ich glaube nicht«, sagte Cato. »Wir standen ganz im Bann der Vision, ein Weltreich zu sein. Diese Vision hat uns getragen.«

»Nun, mit dieser Vision haben wir schlechte Erfahrungen gemacht«, gab ich zu bedenken. Cato fragte nicht nach, und ich war froh darüber. Er trank den letzten Schluck Malt Whisky und meinte:

»Wir wollten doch über das Alter reden. Und da gilt für mich: Wenn es uns nicht bestimmt ist, unsterblich zu sein, ist es für einen Menschen doch wünschenswert, zu seiner Zeit ausgelöscht zu werden. Denn die Natur kennt, wie in allen anderen Dingen, so auch im Leben, ein rechtes Maß. Alter aber ist gleichsam der letzte Akt eines Theaterstücks, bei dem wir das Gefühl von Überdruss vermeiden müssen, zumal wenn ein Gefühl der Sättigung mit ihm verbunden ist.«

Also doch das Ende eines mühsamen Weges?

CHECKLISTE ABGEARBEITET

Das Feuer im Kamin begann schwächer zu werden. Wir saßen in unseren Ohrensesseln und schwiegen. Das Gespräch war an seinem Ende angelangt. Wir hatten lange geredet. Wir hatten uns beide Mühe gegeben mit unseren Argumenten. Im Alter hat man Zeit. Da zieht man die Dinge gern in die Länge. Wir waren uns nahegekommen, Marcus Cato der Ältere und ich. Catos Interesse, seine freundliche Aufmerksamkeit und die warmen, lebendigen Augen hatten dabei geholfen. Während des Gesprächs hatte ich kaum je das Gefühl gehabt, dass wir die Zeitspanne von zweitausend Jahren nicht zu überbrücken vermochten. Nun fragte ich mich, was das eigentlich bedeutete – zweitausend Jahre Zeitunterschied. Das klang so gewaltig, so unüberwindlich. Und doch war dieses Gespräch möglich gewesen.

Cato hatte vor zweitausend Jahren alles darangesetzt, aus seinem Alter das Beste zu machen. Das war offensichtlich, und ich hatte nicht den Eindruck, dass er in irgendeinem Moment geheuchelt oder etwas verdrängt hatte. Er war aufrichtig und vertrat seine Ansichten erwartungsgemäß entschieden, manchmal vielleicht auch auf die Gefahr hin, dass ich ihn nicht verstand. Ich hatte aber das Gefühl, ihn meistens ganz gut verstanden zu haben.

Ich konnte ihm nicht wirklich widersprechen. Mir ist bewusst, dass ich ein sehr privilegierter Alter bin, wohlbehütet und gut versorgt. Und doch war da dieses diffuse Gefühl der Unzufriedenheit, dieses Hadern, ja, und die Angst.

Dem Alter war nicht so einfach mit Logik beizukommen. Auch Catos wohlgesetzte Worte schienen manchmal den Umstand zu übergehen, dass da ein Rest blieb, etwas, das sich nicht ganz auflösen ließ, etwas beinah schon Unheimliches. Was Cato sagte, war eigentlich immer eine Aufforderung, fast schon ein Befehl. Zweifel ließ er gar nicht erst zu. Das Ende war als das zu akzeptieren, was es war. Und das Ende, das ist nun einmal der Tod.

Ich konnte meine Ängste jetzt besser fassen, viel besser beschreiben. Und wenn man etwas beschreiben kann, kann man es vielleicht auch verstehen. Es wird vernünftiger. Selbst die Angst vor dem Tod erscheint vernünftiger, wenn man sie beschreiben kann.

Hatten wir alles besprochen? Hatte ich etwas zu fragen vergessen? War noch etwas offengeblieben? Und war ich wirklich ehrlich gewesen, wenn es um mich ging?

Ja, ich war ehrlich, fand ich. Und ich hatte keine Fragen mehr, im Moment zumindest nicht.

Hätte ich ein solches Gespräch auch mit einer anderen Person führen können? Mit einem Zeitgenossen, jemandem aus meinem Lebensumfeld? Nun, wahrscheinlich nicht, sonst hätte ich Cato ja nicht bemühen müssen. Trotzdem dachte ich noch einmal darüber nach, ging all die Alten durch, die ich kannte, denn nur sie kamen infrage. Der Mann, den sie *Gottvater* nannten, kam mir in den Sinn. Wäre ich zu ihm ebenso ehrlich gewesen? Wahrscheinlich nicht. Wäre er ehrlich zu mir gewesen? Unwahrscheinlich. Ihm war Kontrolle immer das Wichtigste, schon gar, wenn es um die eigene Person ging.

Cato war ein unschätzbar wertvoller Gesprächspartner für mich gewesen, mehr, als ich hatte erwarten können. Er hatte wirklich über Alter und Tod nachgedacht, viel mehr als ich. Und damals, zu seiner Zeit, ging es sehr viel weniger beliebig zu, im Leben wie im Sterben.

Ich hatte im Verlauf des Gesprächs, ganz nebenbei, auch einiges über das alte Rom gelernt, was ich noch nicht gewusst hatte. Und ich fragte mich, ob ich in der Zeit hätte leben wollen, in der Cato gelebt hatte. Konsul hätte ich mir schon zugetraut. Cato, der Bauernsohn, wird Zensor; Dürr, der Handwerkersohn, wird Chef des größten Staatsunternehmens. Das verbindet. Genügend Ehrgeiz hätte ich mitgebracht. Es wäre ungleich mühsamer gewesen, meine Reiselust zu befriedigen, aber ich hätte ja den Vergleich zu den angenehmen Formen des Reisens in unserer Zeit nicht gehabt. In der Kunst der Rede, die beherrschen musste, wer in der Politik Roms eine Rolle spielen wollte, hätte ich mitgehalten. Die Intrigen, die Kämpfe, die Abhängigkeit von Mächtigeren – das war alles wie bei uns. Da hatte sich nichts geändert. Und reich wäre ich bestimmt auch geworden, irgendwie. Als Henricus Ottocar Rigidus Maior wäre ich heute in der Wikipedia zu finden.

Hatte ich Cato eine neue Erkenntnis zu verdanken? Nun, eine einzelne, alles erhellende Erkenntnis nicht. Aber ich hatte in mir etwas gefunden, wovon ich immer geahnt hatte, dass es da war. Es war nur von einem Schleier von Ängsten verdeckt. Woher kamen diese Ängste? Hatten sie sich schon in der Kindheit eingeschlichen? Was spielte das jetzt, im Alter, noch für eine Rolle?

Man muss, dachte ich, erwachsen sein, um über das Alter sprechen zu können. Was aber hieß das für mich, erwachsen sein? Nicht tagelang vor dem Bildschirm sitzen und *Cyber War* spielen; vernünftig miteinander sprechen; Verantwortung übernehmen;

auch eine gewisse Bescheidenheit und die Fähigkeit, sich zurückzuhalten. Nur wenn du dich so bis zum Alter durchgeschlagen hast, kannst du auch vernünftig übers Alter sprechen.

Ob das, was ich da mit Cato dem Älteren besprach, aber auch für jüngere Menschen von Interesse war? Das konnte ich nicht wissen. Wenn man mit jemandem, der vor zweitausend Jahren gelebt hat, über Tod und Alter spricht, kommt einem eine Zeitspanne von vierzig oder fünfzig Jahren nicht übermäßig bedeutsam vor, auch nicht fünf oder zehn Jahre weiterer Lebenserwartung. Die Jüngeren konnten sich ja an Catos Checkliste halten. Die hatten wir konsequent abgearbeitet, Punkt für Punkt, vier *Bullet Points*, vier *Statements*.

Punkt 1. Das Alter halte uns von der Ausübung einer Tätigkeit ab. Stimmt nicht. Es gibt genügend zu tun. Es wird nur anders. Man kann sich zum Beispiel um die Gemeinschaft kümmern. Lebe mit deinen Erinnerungen und erfreue dich an ihnen. Gespräche mit Jüngeren sind hilfreich.

Punkt 2. Das Alter schwäche unseren Körper. Stimmt. Ist aber nicht zu ändern. Man soll sich dessen bewusst sein, darf nicht jammern, muss auf Warnzeichen achten, sich körperlich betätigen und den Geist beschäftigen, indem man sich für Neues interessiert und neugierig bleibt. Mehr kann man nicht tun. Aber das ist ja auch verdammt viel.

Punkt 3. Im Alter würden wir fast aller Genüsse beraubt. Stimmt einerseits, weil die körperliche Lust sich seltener aufbäumt. Andererseits gleichen Genüsse des Geistes und der Umgang mit anderen Menschen vieles aus. Und ein gutes Essen, ein schöner Wein und der Malt Whisky schmecken im Alter nicht schlechter.

Punkt 4. Im Alter seien wir dem Tode nahe. Ist so. Daran wird sich auch nichts ändern. Wir sollten den Tod aber nicht allzu wichtig nehmen. Eintreten wird er. Wir müssen unsere Angelegenheiten regeln und uns selbst beschäftigen, sogar nützlich sein, wenn wir Glück haben. Bis zum letzten Tag. Und der kommt. Der Literaturnobelpreisträger Mario Vargas Llosa kündigte unlängst an, der Tod werde ihn mit der Feder in der Hand antreffen. Das ist ein schönes Bild. Etwas prosaischer hat ein amerikanischer Geschäftsfreund zu mir eigentlich dasselbe gesagt, als ich ihn einmal fragte, was sein Lebensziel sei: *To die on the job.*

Das Wichtigste an Catos vier Punkten aber war, dass sie uns dazu gebracht haben, über das Alter und über den Tod zu sprechen, uns auszutauschen, auf die Suche nach dem zu gehen, was uns wirklich beschäftigt, wenn wir *Alter* sagen oder *Tod*. Wer spricht, denkt nach. Wer zuhört, auch.

Über das, was nach dem Tod mit uns geschieht, haben Cato und ich Mutmaßungen angestellt. Die einzige praktische Konsequenz, die sich daraus immer wieder ergibt, wie man es auch dreht und wendet, ist die, mehr Gelassenheit walten zu lassen. Das gilt fürs Alter nicht weniger als für die Zeit davor. Im Gegenteil, scheint mir.

Alles in allem sind die vier catonischen Gründe, nach denen uns das Alter belastet und die also gegen das Alter sprechen sollen, so beklagenswert nun auch wieder nicht. Es gibt Alternativstrategien, zumindest punktuell. Man muss nur die Parameter des Lebens akzeptieren, auch dann, wenn das Leben böse wird. Es ist naturgemäß schwierig, sich in allen Lebenslagen an diese Erkenntnis zu erinnern, noch schwieriger, sich entsprechend zu verhalten. Aber man sollte seine Möglichkeiten immerhin zur Kenntnis genommen haben. Nur dann kann man sich an sie erinnern.

Das also war das *Executive Summary* der Altersbewältigungsmethode nach Cato dem Älteren.

Der hatte nach seiner Manier noch fast fünfzig eng bedruckte Seiten benötigt, um seine Ansichten darzulegen. Unsere Zeit ist schnell geworden. Sie verlangt nach Kürze, nach Zusammenfassungen, nach klaren, knapp gehaltenen Aussagen. Zeit ist schließlich Geld. Cato hat diese Formel nicht benutzt. Und vielleicht stimmt sie im Alter ja auch gar nicht mehr. Oder spielte Geld für ihn einfach keine Rolle? Galt für ihn die Behauptung, nur Geld mache wirklich unabhängig, vielleicht gar nicht? Cato waren Ruhm zu Lebzeiten und die Wertschätzung der Nachwelt wichtig, anscheinend wichtiger als Geld. Nur der Ruhm gewährt Ewigkeit. Mit Ovid gesprochen:

»Ich habe ein Werk vollendet, das dem Feuer standhalten wird. Durch dieses Werk werde ich fortdauern und mich hoch über die Sterne emporschwingen, und mein Name wird unzerstörbar sein.«

Cato hielt offensichtlich nichts von der Vorstellung eines Lebens nach dem Tod, wie sie durchaus auch im alten Rom anzutreffen war. Kaiser Hadrian etwa ließ auf seinen Grabstein meißeln:

»Seele du, schweifende, zärtliche,
Leibes Gefährtin und Gast,
Nun führt ins düstere Reich
Fröstelnder Schatten dein Weg,
Und nie scherzest du fürder wie
    einst ...«

Cato war klar für eine Lösung nach Ovid. Also Ergebnis zwei des Projekts Tod, wie zuvor besprochen. Außerdem war es ihm wichtig, mit anderen Menschen zu leben. Cato war sich der Tatsache bewusst, dass der Mensch seiner Natur nach weniger eine isolierte Existenz ist als ein soziales Wesen.

Wir hatten nicht darüber gesprochen, dass das Alter in unserer Zeit zu einem großen gesellschaftlichen Problem geworden ist, und das nicht nur, weil es immer mehr Alte gibt, sondern auch weil diese immer älter werden. Die Wirklichkeit – das sind viele alte arme Menschen in Altenheimen, Demente, die in kleinen Familienwohnungen von mittellosen Angehörigen gepflegt werden müssen. Das ist eine Welt, die in krassem Widerspruch zur Fernsehwerbung steht, in der es auffällig viele auffällig rüstige, auffällig gesunde Senioren gibt. Über diese Schattenseite einer alternden Gesellschaft haben wir uns nicht unterhalten. Warum nicht? Sie betrifft mich nicht, Cato schon gar nicht. Ich weiß nicht, ob er sie verstanden hätte. Und ich weiß auch nicht, ob ich der Richtige gewesen wäre, sie ihm zu erklären.

Laelius hat es im Gespräch mit Cato so ausgedrückt: »Es ist so, wie du sagst; doch könnte da vielleicht jemand behaupten, dir scheine das Alter wegen deiner Mittel, deiner Möglichkeiten und deines

Ranges erträglich, darüber aber können nicht viele verfügen.«

Natürlich entscheiden Wohlstand, Lebensumstände, Schicksal und Gesundheit über die Bedeutung der einzelnen Aspekte des Alterns. In Cato hatte ich einen Gesprächspartner, der es wie ich zu einigem Wohlstand und Ansehen in der Gesellschaft gebracht und eine herausragende, weithin sichtbare Aufgabe im Gemeinwesen übernommen hatte. Aber mir schien, als seien da viele Einsichten zur Sprache gekommen, die nicht nur für uns, die vielmehr für alle galten, unabhängig sogar von der Zeit, in der man lebte, die vor zweitausend Jahren gegolten haben und immer noch gelten. Altwerden ist eben ein grundlegendes Konstruktionsmerkmal des Homo sapiens. Das bleibt.

Cato ergriff noch einmal das Wort:

»Ich habe keinen Grund, das Alter anzuklagen«, sagte er mit getragener Stimme. Etwas verdruckst schob er nach: »Zumindest nicht im Großen und Ganzen. Wie war das mit dem Dichter, den du da zitiert hast, und der Verdauung? Ja, damit muss man irgendwie fertigwerden.«

Das war vielleicht ein etwas profanes Ende, aber ich konnte Cato nur zustimmen. Je länger man über die Sache nachdachte, desto weniger Grund zur Klage fand sich. Das war ein erstaunliches Fazit. Es war sogar ein Ergebnis. Und ich war zeit meines Lebens, schon als Kind, auf Ergebnisse geeicht.

Still war es geworden. Die letzte Glut im Kamin war erloschen. Keiner von uns beiden sagte etwas. Wir schwiegen in der Stille. Unsere suchenden Gedanken waren nicht zu hören. Mir fiel das Musikstück 4:33 von John Cage ein. Da hört man vier Minuten und dreiunddreißig Sekunden lang keinen Ton. Nichts. Umso eindringlicher hört man im Inneren das eigene Ich.

Cato wollte zurück nach Rom. Wir erhoben uns. In der Nacht zu reisen, sei er gewohnt, sagte er. Wie diese Reise vom alten Rom in die Schweiz von heute überhaupt vonstattenging, hatten wir gar nicht thematisiert. Ich vermute, er ist mit dem Internet gereist. Wie auch immer das gehen mag. Es ist immerhin eine Erklärung. Vielleicht hatte er ja wie ich etwas für trägheitslosen Verkehr übrig. Auf elektrischen und anderen Wellen zu reiten und dabei Botschaften zu senden schien ihm Spaß zu machen.

Vor der Tür umarmte ich Cato. Es war das erste Mal in meinem Leben, dass ich einen alten Mann umarmte. Wir gaben uns die Hand. Cato sah mich an und sagte zum Abschied:

»Das war es, was ich über das Alter zu sagen

hatte; mögest du zu ihm gelangen, damit du das, was du von mir gehört hast, durch die Erfahrung der Wirklichkeit gutheißen kannst.«

»Vielen Dank«, sagte ich. »Und gute Reise.«

Ich wollte noch sagen: ›Aber ich bin doch längst im Alter angekommen.‹ Da wurde mir bewusst, dass ich keineswegs längst, sondern just in diesem Moment angekommen war. Da war Cato schon weg.

Die Nacht war voller Sterne. Die hohen, schwarzen Berge ringsum sahen aus, als wollten sie mich beschützen. Es war alles klar.

LEBENSLAUF
CATO DER ÄLTERE

Als Sohn sabinischer Bauern war Cato 234 v. Chr. in Tusculum geboren worden, wo er in seinen Kinder- und frühen Jugendjahren das karge und entbehrungsreiche Leben italischer Bauern kennenlernte. Die sabinische Heimat Catos war erst ein halbes Jahrhundert vor seiner Geburt dem römischen Herrschaftsbereich durch Manius Curius Dentatus eingegliedert worden, und Cato kannte das seinem Elternhaus benachbarte Landgut des siegreichen Konsuls, der ihm selbst in seiner altrömischen Einfachheit und Unbestechlichkeit zum Vorbild wurde.

Mit der Verstrickung Roms in den Zweiten Punischen Krieg (218 – 201 v. Chr.) begannen schon für den Siebzehnjährigen die Jahre des Kriegsdienstes, die ihn in engen Kontakt zu Quintus Fabius Maximus Cunctator brachten. Unter ihm kämpfte er 214 v. Chr. in Campanien und erlebte 209 v. Chr. die Rückeroberung Tarents. Den Beginn seiner politischen Laufbahn bezeichnet die Wahl zum Quaestor im Jahre 204 v. Chr., die zugleich eine lebenslange spannungsreiche Beziehung Catos zur Familie der Scipionen, besonders zu dem älteren Africanus, eröffnete. Nach dessen siegreicher Beendigung des Hannibalischen Krieges kehrte Cato über Sardinien, wo sich ihm der Dichter Ennius anschloss, nach Rom zurück. Dem siegreichen Stadtstaat stellten sich nach der Niederwerfung des karthargischen Gegners auf seinem Weg zum Weltreich weitere militärische Aufgaben, zunächst im Westen, wo Cato als Konsul des Jahres 195 v. Chr. den römischen Herrschaftsanspruch im nordöstlichen Spanien festigte. Im Kampf gegen den syrischen König Antiochos den Großen hatte Cato vier Jahre später als Kriegstribun unter dem Konsul Manius Acilius Glabrio maßgeblichen Anteil am römischen Sieg bei den Thermopylen. Den Höhepunkt seines politischen Wirkens bezeichnet die Bekleidung des Zensoramtes, in das Cato für das Jahr 184 v. Chr. gewählt wurde. Die konsequente Durchsetzung seiner strengen politischen und moralischen Grundsätze beeindruckte die Mit- und Nachwelt und trug ihm den Namen Censorius ein. Auch nach dem Ende seiner Ämterlaufbahn blieb Cato im Senat und vor Gericht ein streitbarer Vertreter altrömischer Prinzipien, die er besonders gegen den wachsenden Einfluss griechischen Geistes verteidigen zu müssen glaubte. Besondere Veranlassung dazu bot ihm die berühmte Philosophengesandtschaft des Jahres 155 v. Chr., bei der die Häupter der drei großen athenischen Philosophenschulen, der Akademiker Karneades, der Peripatetiker Kritolaos und der Stoiker Diogenes, das römische Publikum in einem für Cato alarmierenden Maße beeindruckten, sodass er die schleunige Ausweisung der Gesandten betrieb.

Die unbeirrbare Ablehnung griechischen Einflusses hinderte Cato nicht daran, im Alter weiter Griechisch zu studieren und sich der Lektüre griechischer Bücher zu widmen. Mit eigenen Werken bereicherte er die lateinische Literatur um bedeutende Beiträge, unter denen neben zahlreichen Reden vor allem seine erhaltene Schrift *Über die Landwirtschaft* und das verlorene Geschichtswerk in sieben Büchern *Ursprungsgeschichten* hervorragten. Zu einer schweren Prüfung wurde für den Zweiundachtzigjährigen der Tod seines gerade zum Prätor gewählten, über alles geliebten Sohnes im Jahre 152 v. Chr., ein Verlust, den der schwer geprüfte Vater mit bewundernswerter Haltung und Seelenstärke ertrug.

In das Jahr vor Catos eigenen Tod (149 v. Chr.) datiert Cicero das Gespräch *Über das Alter*, das er den beinahe Fünfundachtzigjährigen mit dem vier Jahrzehnte jüngeren Scipio Africanus und dessen älterem Freund Gaius Laelius führen lässt.

Sein Name Marcus Porcius Cato tat das Seine, um eine überaus beziehungsreiche Brücke von der verklärten republikanischen Vergangenheit zur düsteren politischen Gegenwart zu schlagen. Denn diesen Namen trug auch der bedeutendste Gegenspieler Caesars, ein Urenkel des Zensors, der im Jahre 46 v. Chr. das Heer der Republikaner gegen Caesars Truppen in die Schicksalsschlacht von Thapsus bei Utica in Nordafrika geführt hatte.

Dieser Text ist eine gekürzte Fassung aus der Einführung von Harald Merklin, in: *Cato maior de senectute – Cato der Ältere über das Alter*, übersetzt und herausgegeben von Harald Merklin, Stuttgart: Reclam 1998.

LEBENSLAUF
HEINZ DÜRR

Heinz Dürr wurde am 16. Juli 1933 als Sohn eines mittelständischen Unternehmers in Stuttgart geboren. Das Familienunternehmen, die Dürr Gruppe, geht auf den Betrieb des königlichen Hofflaschnermeisters Paul Dürr zurück, den Dürrs Großvater 1895 in Stuttgart-Bad Cannstatt gegründet hatte. Unter Dürrs Vater Otto Dürr wurde daraus ein mittelständisches Industrieunternehmen, das Heinz Dürr später zu einem der führenden Hersteller von Produktionsanlagen für die Kraftfahrzeugindustrie, insbesondere Lackieranlagen, weiterentwickelte.

Nach dem Abitur in Stuttgart-Feuerbach absolvierte Dürr eine Stahlbauschlosserlehre mit Praktikum bei der Waggonfabrik Uerdingen sowie bei den Deutschen Edelstahlwerken. 1954 begann er ein Studium des Maschinenbaus an der TH Stuttgart, das er jedoch 1957 abbrechen musste, um den erkrankten technischen Leiter des eigenen Unternehmens zu ersetzen.

Dürr baute die Dürr Gruppe zu einem mittelständischen Multi aus. Er folgte den internationalen Automobilfirmen auf ihrem Weg in die Globalisierung.

Einer breiteren Öffentlichkeit wurde Heinz Dürr ab 1975 als Vorsitzender des Verbandes der Metallindustrie von Baden-Württemberg in der Nachfolge von Hanns Martin Schleyer bekannt. In einer spektakulären Tarifauseinandersetzung fand er 1978 mit dem damaligen Stuttgarter IG-Metall-Bezirksleiter Franz Steinkühler einen mutigen Kompromiss. Dürr beteiligte sich immer wieder an gesellschaftspolitischen Diskussionen der Bundesrepublik. Von ihm stammt die griffige Interpretation des modernen Unternehmens als »gesellschaftliche Veranstaltung«, in der sich Manager, Betriebsräte und Gewerkschaften zum Wohle des Ganzen zusammenfinden und austauschen sollen. Seine Forderung nach einer »marktorientierten Industriepolitik« löste eine öffentliche Diskussion über die Weiterentwicklung der Marktwirtschaft aus.

Am 1. Februar 1980 holte der neue Aufsichtsratsvorsitzende des schwer angeschlagenen Elektrokonzerns AEG Telefunken, der frühere Bundeswirtschaftsminister Hans Friderichs, Dürr als Nachfolger von Walter Cipa an die Spitze des Konzerns. Die Geschäftsleitung seines eigenen Unternehmens überließ Dürr externen Managern, mit denen er immer engen Kontakt hielt. Dürr sollte die AEG sanieren, musste jedoch im August 1982 das Vergleichsverfahren beantragen, ein Schritt, der weltweit Aufsehen erregte. Durch konsequente Sanierungsmaßnahmen und Verkauf einiger Tochtergesellschaften konnte der Vergleich im September 1984 erfolgreich erfüllt werden.

Im Oktober 1985 kaufte sich die Daimler-Benz AG bei der AEG ein, und Dürr wurde in seiner Eigenschaft als Vorstandsvorsitzender der AEG AG auch in den Vorstand der Daimler-Benz AG berufen.

Im Jahr 1990 nahm Dürr das Angebot von Bundeskanzler Helmut Kohl an, Vorsitzender des Vorstands der Deutschen Bundesbahn zu werden. Im September 1991 übernahm Dürr auch die Leitung der DDR-eigenen Deutschen Reichsbahn und führte danach die beiden Bahnen zur Deutschen Bahn AG zusammen. Er folgte dabei dem Vorschlag einer Regierungskommission Bahn unter Vorsitz von Dr. Günter Sassmannshausen, die angeregt hatte, die Bahn in der Form einer Aktiengesellschaft zu führen. Bei dem Projekt ging es um eine sehr umfassende Reform, bei der auch das Grundgesetz geändert werden musste. Bundestag und Bundesrat stimmten dem Gesetzeswerk im Dezember 1993 mit großer Mehrheit zu. Dürr wurde danach Vorstandsvorsitzender der Deutschen Bahn AG, die im hundertprozentigen Besitz des Bundes verblieb.

Im Juli 1997 wechselte Dürr in den Aufsichtsrat der Deutschen Bahn AG und übernahm als Nachfolger von Günter Sassmannshausen dessen Vorsitz. Mit seinem Nachfolger, dem damaligen Staatssekretär im Bundeswirtschaftsministerium Johannes Ludewig, harmonierte Dürr allerdings nicht. Dürr lastete seinem Nachfolger an, er habe »den Laden wieder zur Behörde gemacht«. Gleichwohl fand sein Drängen auf Entlassung Ludewigs bei der Bundesregierung, die in der Zwischenzeit von der SPD geführt wurde, kein Gehör. Im Februar 1999 trat Dürr wegen unüberbrückbarer Meinungsverschiedenheiten über die Unternehmenspolitik der Deutschen Bahn AG als Aufsichtsratsvorsitzender zurück.

Im Jahre 1999 wurde Heinz Dürr zum Stiftungskommissar der Carl-Zeiss-Stiftung ernannt. Auch dort setzte sich Dürr für eine Reform der Unternehmensverfassung dieser Stiftung, die seit dem Jahre 1896 bestand, ein. Am Ende gab es zwei Aktiengesellschaften, die Carl Zeiss AG und die Schott AG unter dem Dach der Carl-Zeiss-Stiftung, die im hundertprozentigen Besitz der Länder Baden-Württemberg und Thüringen ist.

Die Dürr AG war 1989 an die Börse gegangen. Dürr wurde Aufsichtsratsvorsitzender und ist es bis heute. Die Dürr AG ist Weltmarktführer auf dem

Gebiet der Lackieranlagen für die Automobilindustrie, in der Auswuchttechnik sowie bei der industriellen Reinigungstechnik. Die Dürr Gruppe beschäftigt sich außerdem intensiv mit Fragen des Umweltschutzes und dem Thema der Energieeffizienz.

Heinz Dürr gründete zusammen mit seiner Frau Heide im Jahre 1998 die Heinz-und-Heide-Dürr-Stiftung, die sich den Themen Humangenetik, frühkindliche Erziehung und Förderung des deutschsprachigen Theaters widmet. Dürr ist Vorsitzender der Walther-Rathenau-Gesellschaft, die sich dem Andenken des ermordeten deutschen Außenministers Walther Rathenau verschrieben hat und dessen Werke herausgibt.

Dürr lebt mit seiner Frau in Berlin und hat drei Töchter.

DANK

Als ich zum ersten Mal die Idee hatte, Cato den Älteren zu einem Gespräch über das Alter einzuladen, bestärkten mich Peter Zinkann und seine Frau Karin sehr bei diesem Vorhaben. Professor Werner Dahlheim ergänzte meine lückenhaften Kenntnisse der römischen Geschichte mit wichtigen Details. Hans von Trotha gab mir nicht nur bedenkenswerte Anstöße, sondern brachte den Text auch in Form. Moritz Kienast, der Programmleiter des Quadriga Verlags, hat sich des Projekts aus verlegerischer Sicht sehr intensiv angenommen. Michael Jaeger, der Goethe- und Faust-Experte, las mein Manuskript mit Sorgfalt. Er hätte es allerdings lieber gesehen, wenn ich Faust zu diesem Gespräch eingeladen hätte. Meine Tochter Karoline verhinderte, dass ich an manchen Stellen peinlich wurde. Meine Sekretärin Patrizia Doyl-Berger schrieb die vielen Fassungen und Änderungen akkurat und immer termingerecht in den PC.

Allen Genannten danke ich von Herzen für ihre Mühen.

Berlin, im Sommer 2011   Heinz Dürr